ESPECIALMENTE PARA

....

DE PARTE DE

....

FECHA

....

Devocionales
de 3 minutos
para chicos

Devocionales
de 3 minutos
para chicos

180 lecturas inspiradoras para adolescentes

BARBOUR
ESPAÑOL
Un Sello de Barbour Publishing

© 2021 por Barbour Español

Escrito por April Frazier y Glenn Hascall

ISBN 978-1-64352-726-0

Desarrollo editorial: Semantics, Inc. P.O. Box 290186, Nashville, TN 37229. semantics01@comcast.net

Publicado por Barbour Español, un sello de Barbour Publishing, Inc., 1810 Barbour Drive, Uhrichsville, Ohio 44683.

Nuestra misión es inspirar al mundo con el mensaje transformador de la Biblia.

Member of the
Evangelical Christian
Publishers Association

Impreso en Estados Unidos de América.

INTRODUCCIÓN

Esta es una recopilación de pensamientos procedentes de la verdadera Fuente de toda inspiración y aliento: la Palabra de Dios. En estas páginas recibirás dirección mediante lecturas del tamaña idóneo de las que podrás disfrutar en tan solo tres minutos:

Minuto 1: Reflexiona sobre la Palabra de Dios
Minuto 2: Lee la aplicación a la vida real y el estímulo
Minuto 3: Ora

Estos devocionales no pretenden evitarte que profundices en las Escrituras o que dediques un tiempo personal exhaustivo a solas y con tranquilidad. En su lugar considéralo como la puesta en marcha perfecta que te ayudará a formar la costumbre de pasar tiempo con Dios cada día. También puedes añadirlos al rato que ya estés dedicando a estar con Él. Comparte esos momentos con amigos, con la familia y con otros con los que entres en contacto a diario. Ellos también están buscando inspiración y aliento.

*Tu palabra es una lámpara que guía mis pies
y una luz para mi camino.*
SALMOS 119.05 NTV

SÉ TÚ ESE HÉROE

A los justos los guía su integridad;
a los falsos los destruye su hipocresía.
PROVERBIOS 11.3 NVI

Hay chicos que, a diario, buscan ver lo que haces y cómo lo haces. No pueden explicar por qué, pero tú eres su modelo a seguir. Ni siquiera te han pedido permiso para ello. Es probable que les intimide hablar contigo, pero tú eres su héroe. Créetelo.

Sin duda tú hiciste lo mismo. Observaste a alguien mayor que tú, porque querías saber cómo es ser adolescente. Algunas cosas de las que aprendiste eran buenas. ¿Y otras? No tanto.

La integridad es asegurarse de que no exista diferencia entre tus palabras y tus hechos. Los que quieran imitarte en tus pasos más importantes entenderán que la persona íntegra hace lo correcto, porque es correcto. Un sentido de honor acompaña a esta norma de conducta.

Siempre es mejor mantener la integridad que intentar recuperarla, una vez que se ha perdido.

Todos crecemos con héroes. Asegúrate de que el tuyo —ese que los chicos más jóvenes ven en ti— sea Jesús, quien lo está transformando todo en ti. Espera tener mayor impacto del que hayas imaginado nunca en los demás.

Amado Señor, no estoy seguro de querer que otros presten atención a lo que hago. Supone mucha presión. Pero yo elijo seguirte a ti y quiero que mis actos te representen. Por ello, enséñame lo que necesito saber para convertirme en alguien a quien merezca la pena seguir, por haber escogido seguirte a ti. Amén.

Dense por bendecidos cada vez que las personas los hagan de menos, se burlen de ustedes o digan mentiras sobre ustedes para desacreditarme. Con ello solo demuestran que la verdad está demasiado cerca como para sentirse a gusto, y se sienten incómodos.
MATEO 5.11 [TRADUCCIÓN LITERAL DE LA VERSIÓN THE MESSAGE]

Dios es increíblemente asombroso, pero no todos creen en Él. Cuando hables de Él, algunos se burlarán de ti. Cuando oras a Dios, existe el riesgo de que se difundan mentiras sobre ti. Esta lucha ha formado parte de nuestra experiencia desde el principio.

Las personas se sienten incómodas con Jesús. Muchos se niegan a admitir que las personas inteligentes puedan seguirle.

Estas personas pueden hacer que te irrites, y hasta llegan a insultarte, pero Dios afirma que estás en buena compañía. Pídele paciencia, ora por esa persona que te crispa, y ruega que Él te de sabiduría para saber cómo responder.

Amado Señor, no me gusta irritarme. Cuando alguien se burla de mí no es mi mejor momento. Pero tú me pides que me alegre cuando otros me rechazan por causa de ti. Cuando esto sucede, debo recordar que tal vez no les guste mi mensaje, pero que en última instancia es a ti a quien rechazan. Dame la fuerza de estar firme por ti y de ignorar la irritación. Amén.

> *Líbrense de toda amargura, furia, enojo, palabras*
> *ásperas, calumnias y toda clase de mala conducta. Por*
> *el contrario, sean amables unos con otros, sean de buen*
> *corazón, y perdónense unos a otros, tal como Dios los*
> *ha perdonado a ustedes por medio de Cristo.*
> EFESIOS 4.31-32 NTV

Resulta difícil perdonar a quienes nos han herido. Aunque puedan necesitar el perdón, cosas como la amargura, la rabia, el enojo, las palabras duras, las calumnias y la conducta incorrecta nos suplican que nos permitamos resarcirnos hiriendo.

Guardar resentimiento es como tener dinamita en las manos. En algún momento alguien saldrá perjudicado por la explosión emocional. Con frecuencia, aquel que hiere (por segunda vez) es el resentido.

Queremos justicia por lo que nos hacen los demás, pero para nuestras propias decisiones esperamos gracia. Somos duros con otros y suaves con nosotros mismos. Opinamos que ellos deberían hacer las cosas bien, pero nosotros no nos sentimos obligados a ello, porque Dios nos ha perdonado.

Amado Dios, es fácil alimentar el resentimiento y otros arrebatos
poco saludables, crecen muy bien por sí solos, y producen
una buena cosecha. La amargura aumenta cuando tengo la
seguridad de que me han tratado mal. Las palabras duras
salen solas. Sin embargo, ser amable y perdonador significa
que le doy algo al ofensor que él nunca ofrece. Tú viniste a
darme libertad por medio del perdón y del amor. Ayúdame
a proporcionarles a otros aquello que recibo de ti. Amén.

*Nuestro gran deseo es que sigan amando a los
demás mientras tengan vida, para asegurarse
de que lo que esperan se hará realidad.*
HEBREOS 6.11 NTV

Sé diligente en cualquier trabajo que hagas y prepárate para
asombrarte. Esta actitud es una mezcla única de gran esfuerzo ético y
de la disposición de ceñirte a tu tarea hasta acabarla.

Los patrones buscan empleados que puedan mostrar diligencia
en su lugar de trabajo. Con frecuencia disponen de una larga lista
de candidatos que quieren recibir su sueldo, pero encontrar a un
empleado diligente es mucho más difícil.

Ser diligente en tu fe es muy parecido a un gran trabajo.
Esfuérzate, honra a Dios, preocúpate por los demás y confía en que
el resultado agradará a tu Padre celestial. La perfección puede no
ser posible, pero que te ciñas a la función de seguidor de Cristo es
exactamente lo que Dios quiere de ti.

*Amado Dios, dame la ética de trabajo del que es diligente.
Quiero que se me conozca por hacerlo lo mejor posible,
con honor y por asegurarme de que la tarea se termina.
Resulta más fácil no preocuparse, pero porque la diligencia
te importa a ti, ayúdame a esmerarme en el trabajo que
hago por los demás, y en el viaje de seguirte. Amén.*

DARLO TODO

Así que comete pecado todo el que sabe hacer el bien y no lo hace.
SANTIAGO 4.17 NVI

◇◇

Se ha dicho que transigir es el arte de asegurarse de que nadie consiga lo que quiere.

Considéralo de esta forma: Dios quiere que seas sincero. Tal vez desees mantener una estrecha relación con Jesús, pero transiges contando lo que tú consideras una *mentira piadosa*. Razonas la decisión autoconvenciéndote de que todo el mundo dice este tipo de mentiras, pero tu actitud significa que Dios no obtuvo aquello que quería (obediencia), ni tú tampoco (cercanía con Dios).

Puedes aplicar esta misma idea a cuestiones como la pureza, el honor, los pensamientos y los hábitos. Cada ámbito de tu vida está lleno de elecciones. Cada pequeña condescendencia te aparta de donde quieres estar.

Cuando otros te consuelen diciendo que acomodarse es normal, se están autoengañando, y hacen que te resulte más difícil mantenerte firme en la elección de amar a Dios con tu corazón, tu alma, tu mente y tu fuerza.

Hacer lo correcto no deja lugar a la transigencia.

Amado Dios, tú quieres que haga sitio para los intereses de los demás, pero cuando se refiere a tus mandamientos nunca quieres que deje espacio para la transigencia. Quiero que tengas lo que tú deseas para mi vida, y no deseo conseguirlo arriesgando lo que tú me pides. Ayúdame a darlo todo cuando se trata de obedecerte a ti. Amén.

*Gozosos en la esperanza; sufridos en la
tribulación; constantes en la oración.*
ROMANOS 12.12 RVR1960

Antes de que hubiera grifos de agua, las personas salían y usaban una pompa para sacar agua del suelo. Cuando tienes sed, haces lo necesario para satisfacerla.

El gozo se inspira en el pozo de la esperanza. La paciencia se produce por medio de la prueba. La oración crece a través de la coherencia.

Se diría que el gozo procede de hacer las cosas que te hacen feliz, pero es mucho más profundo que la felicidad. Puede experimentarse en los días malos, en medio de la congoja, y cuando las cosas están peor que nunca. La razón por la que esto es verdad es que el gozo se dinamiza por la esperanza de que habrá un tiempo cuando las dificultades serán cosa del pasado.

La paciencia es necesaria para que el gozo florezca, porque la esperanza que tenemos está totalmente relacionada con el futuro. Nuestra esperanza produce gozo, pero necesita la paciencia. Esta solo llega al enfrentarse a los fuertes desafíos.

La capa final relacionada es la oración. Cuando accedemos a orar con regularidad, tenemos acceso al Dios que nos dio la esperanza, se desarrolla la paciencia y se inspira el gozo. ¡Que empiece el regocijo!

Amado Dios, tú quieres que recuerde que el gozo es algo que tú puedes realzar por medio de las luchas a las que me enfrento. Esto no parece ser una buena noticia. Me gusta que las cosas sean fáciles. Dame la paciencia de esperar y la esperanza que inspira gozo. Haz que esta oración sea un buen principio. Amén.

*No se dejen engañar: «Las malas compañías
corrompen las buenas costumbres».*
1 Corintios 15.33 nvi

Las personas suelen usar este versículo con frecuencia para demostrar que es necesario ser muy cuidadoso con las amistades que escoges. Sin embargo, la imagen panorámica incluía a una iglesia donde las personas afirmaban que Jesús había vuelto a la vida tras morir en la cruz.

Si este pensamiento equivocado se había aceptado como la verdad, toda la idea de seguir a Jesús no significaría gran cosa. Después de todo, si Él no pudo salvarse a sí mismo, ¿cómo podría esperar salvarnos a nosotros?

Pablo les estaba señalando a los habitantes de Corinto que los que se negaban a creer que Jesús tenía la capacidad de salvar eran las «malas compañías» que «corrompen las buenas costumbres».

Hoy, la idea de las malas compañías podría incluir fácilmente lo que vemos en la televisión, lo que leemos en los libros y aquellos que escuchamos, y también a las personas que se niegan a considerar que Jesús pagó de verdad por nuestros pecados. Las cosas a las que prestamos atención pueden ayudarnos a caminar con Él o influir en nosotros para que alimentemos graves dudas sobre la verdad. Aprende a reconocer las malas compañías.

*Amado Dios, ayúdame a pasar más tiempo con aquellos que te
aman, así como con aquellos que quieren saber más sobre ti.
Ayúdame a orar por quienes necesitan conocerte. Jesús vive y,
por ello, tengo un Salvador. Me siento agradecido. Amén.*

*Pero si confesamos nuestros pecados a Dios, Él es fiel y justo para
perdonarnos nuestros pecados y limpiarnos de toda maldad.*
1 JUAN 1.9 NTV

¿Has tenido alguna vez un mal día? Podrías estar en medio de uno de
ellos justo ahora. Nada sale bien, y todo te molesta. No te apetece
estar con gente, pero si debes hacerlo, nadie debería esperar que
seas educado.

La verdad es que Dios espera que seas cortés, pero si lo
estropeas todo, Él tiene un plan para ayudarte a enderezar las
cosas. En primer lugar, admite que la has fastidiado. Si lo haces, Él
te promete perdón.

Las malas actitudes son normales. Todos las tenemos. Quizás
lleguen cuando un entrenador nos enoja, o cuando los miembros de
la familia nos frustran, o cuando las calificaciones de un examen no
están a la altura de nuestras expectativas.

Arregla las cosas tan rápido como puedas. Las malas actitudes
pueden vencerse mediante elecciones sólidas. Admite que te
has equivocado, perdona a quienes hayan podido contribuir al
problema y siéntete cómodo con el hecho de que Dios tenga el
control.

*Amado Señor, no es divertido vivir días malos. Ayúdame a
sacar tiempo y pensar en lo que tú quieres de mí. Cuando
lo estropeo todo, ayúdame a admitirlo y fortaléceme para
perdonar a los demás cuando sea necesario. Amén.*

CUANDO QUIERES TIRAR LA TOALLA

Sé vivir con casi nada o con todo lo necesario. He aprendido
el secreto de vivir en cualquier situación, sea con el estómago
lleno o vacío, con mucho o con poco. Pues todo lo puedo
hacer por medio de Cristo, quien me da las fuerzas.
FILIPENSES 4.12-13 NTV

Sentirse satisfecho con lo que Dios provee es la mejor forma de aguantar cuando las cosas se ponen difíciles.

Pablo afirmó que experimentó épocas cuando tuvo todo lo que necesitaba, pero que también vivió momentos de desafío que lo dejaron con muy poco. Aprendió *el secreto de vivir en cualquier situación*. Se trataba de la satisfacción en el Dios que provee.

Puede ser que queramos tirar la toalla, encogernos de hombros y admitir la derrota. Pero Dios no nos envió una nota en la que nos indica que ya no puede ocuparse de las cosas.

Mientras Él tenga el control, no hay necesidad de sentir pánico ni de rendirse a la desesperación.

Porque Jesús nos da fuerzas, podemos observa cómo esta vence nuestra debilidad. Ahí es donde hallamos el aliento para resistir y no tirar la toalla.

Amado Dios, puede resultar fácil pensar que todo se está cayendo a pedazos. Cuando me siento satisfecho de que me amas lo bastante como para cuidarme, descubro que cuando estás conmigo, no hay nada que no se pueda hacer si tú quieres que se lleve a cabo. Ayúdame a confiar más en ti y a inquietarme menos. Amén.

Y todo lo que hacéis, sea de palabra o de hecho,
hacedlo todo en el nombre del Señor Jesús, dando
gracias a Dios Padre por medio de él.
COLOSENSES 3.17 RVR1960

No hay nada que puedas decir o hacer que escape al dominio de Jesús. Cuando muestras paciencia con un chico nuevo en la escuela o cuando escoges hacer algo que, en lo profundo de ti mismo, sabes que está fuera de tu límite, cada una de estas cosas es una elección que acepta o rechaza la influencia de Cristo.

Una de las mejores formas de hacer un autoexamen rápido sobre si estás aceptando su autoridad o no es preguntarte si aquello por lo que te quieres decantar hará que seas aprobado por Dios. Algunas respuestas no son difíciles. Hacerle daño a alguien resultaría en el veto divino. Preocuparse por los demás siempre hará que consigas una reseña de cinco estrellas.

Hacer lo correcto aporta satisfacción, pero lo contrario conduce al remordimiento a largo plazo. Hacer lo correcto honra el don divino del rescate, pero actuar del modo equivocado hace que se olvide el valor de su don.

Cualquier cosa que hagamos estará influenciada por Jesús. ¿Prestamos atención a su sabiduría?

Amado Dios, ¿por qué lo correcto siempre parece ser la elección más dura? Sería mucho más fácil si hicieras que elegir seguirte fuera la decisión más cómoda que podría tomar jamás. Ayúdame a amar, a perdonar, a ayudar, a alentar y a ofrecer esperanza a los demás. Ayúdame a hacer lo correcto, porque lo hago para ti. Amén.

*Porque tuve hambre, y me disteis de comer; tuve sed, y
me disteis de beber; fui forastero, y me recogisteis.*
MATEO 25.35 RVR1960

Jesús fue un narrador de historias asombroso. Les había estado
hablando a sus discípulos de un rey que se dirigió a dos grupos de
siervos. Algunos estaban a su izquierda y los demás a su derecha. Al
primer grupo, el monarca le indicó que haber ofrecido ayuda a los
que estaban en necesidad era como si le hubieran ayudado a Él. Al
segundo sector lo criticó por su falta de compasión.

Jesús dejó claro que quería que sus discípulos estuvieran activos
y que se involucraran en proveer ayuda a los niños, las viudas, los
extranjeros y los sin hogar. Aludió a estos siervos dispuestos como
justos. Sin embargo, afirmó que quienes no ayudaron no reflejaban,
en realidad, el carácter de su Padre.

Existen muchas oportunidades para que ayudemos a otros.
Nos esforzamos porque queremos servir a Dios, pero también
porque haciéndolo estamos dejando que Dios los ame por medio de
nuestros actos.

*Amado Dios, tú dejaste claro que querías que ayudara a
los demás. Esto marca la diferencia cuando entiendo que tú
amas a cada persona que yo ayude. Cuando colaboramos
con ellos, te ayudo a ti. Cuando coopero contigo, recibo
ayuda. Haz que pueda ver a los demás como los ves tú y
que me preocupe por ellos como lo harías tú. Amén.*

No participen con aquellos que rechazan a Dios. ¿Cómo puede lo bueno tener algo que ver con lo malo? No pueden estar juntos; es la guerra. ¿Puede tener una buena amistad la luz con la oscuridad? ¿Sale Cristo a pasear con el diablo? ¿Acaso van de la mano la confianza y la desconfianza?¿Pensaríamos en poner ídolos paganos en el santo templo de Dios? Pero esto es exactamente lo que somos cada uno de nosotros, un templo donde Dios vive.
2 Corintios 6.14-16 [traducción literal de la versión The Message]

Se supone que los cristianos son diferentes. Deberíamos pensar, actuar y hablar de manera distinta. Nuestras mejores amistades deberían ser aquellas que han escogido ser de otro modo.

Aunque esto tiene sentido, es algo difícil de seguir. Es posible descubrir que conectas realmente bien con alguien que no tiene intención de seguir a Jesús. Puedes intentar justificar salir con personas, porque crees poder conducirlas a Cristo. Esta forma de pensar sitúa a esas personas por encima de Dios, porque has elegido la desobediencia para estar con ellos.

A menos que puedas caminar con tu acompañante hacia lo que Jesús quiere para tu vida, ambos acabarán yendo en direcciones distintas.

Amado Dios, tú quieres apartarme. Cuando salga con alguien ayúdame a honrarte dedicando tiempo a estar con una persona que te ame a ti más que a mí. Amén.

PLAN, PROPÓSITO Y ESPERANZA

*Pues yo sé los planes que tengo para ustedes —dice
el Señor—. Son planes para lo bueno y no para lo
malo, para darles un futuro y una esperanza.*
JEREMÍAS 29.11 NTV

¿Recuerdas haber diseccionado una rana, un gusano u otro cuerpo en clase de ciencias naturales? Tal vez sea algo que sigue figurando en tu programa de cosas por hacer antes de graduarte. Descubres diversas partes del cuerpo que te ayudan a identificar el funcionamiento interno de tu especie.

Procedamos a la disección de un versículo para descubrir cómo identificar nuestro propósito en la vida. Al principio descubrimos que este descansa en los planes que Dios ya ha hecho para nuestras vidas. Podríamos rehusar seguir su plan, pero esta opción siempre nos lleva al pesar. A continuación, los planes que Dios tiene para nosotros son buenos. Dios nunca desarrolla un mal proyecto. Finalmente, los propósitos divinos no solo son para ahora mismo, sino que afectan al futuro.

La conclusión es que los buenos planes de Dios deberían aceptarse siempre con esperanza, porque si Él sabe el propósito que tiene para ti, ha desarrollado un plan, y promete que es bueno, por lo que seguir su plan nos lleva al mejor de los futuros.

Amado Señor, tus planes son el bosquejo de mi propósito en la vida. Lo que hago es importante, por quien lo hago. Donde acudo es importante, por quien me está enviando. Tú sabes el propósito que tienes para mí. Ayúdame a seguir los planes que me ayuden a ver la aventura que has diseñado para mí. Amén.

No se preocupen por nada; en cambio, oren por todo. Díganle a Dios lo que necesitan y denle gracias por todo lo que Él ha hecho.
FILIPENSES 4.6 NTV

La preocupación es una condición de falta de fe. Inquietarse sin querer señala que no crees que Dios pueda manejar las dificultades a las que te enfrentas. Cuando oras, te niegas deliberadamente a dar a la preocupación una oportunidad de que te convenza de convertirla en tu poder de superhéroe.

Si estás luchando con algo o alguien, no cedas a la inquietud. Nunca cambiará el resultado del tiempo que hayas invertido. Da gracias a Dios de antemano por ocuparse de las cosas.

Una paz extremadamente maravillosa es tu regalo por depositar tu preocupación en las manos divinas. Él no va a intranquilizarse. Solo se ocupará de ello.

¿Con cuánta frecuencia deberías preocuparte? ¡Nunca! ¿Cuándo deberías dejar de inquietarte? ¡Ahora mismo! ¿Cómo puedes dejar de desasosegarte? ¡Ora! ¿Cuándo puedes orar? ¡Ahora mismo!

Amado Dios, tú afirmas que deberíamos comunicarte lo que necesitamos, de modo que aquí estoy para decirte que necesito dejar de preocuparme. Resulta fácil pensar en lo que he estado experimentando, en lo que sucede justo ahora y en lo que podría ocurrir. Necesito tener la fe suficiente para confiar en que esto está en tus manos. Ayúdame a aferrarme a tu regalo de paz y negarme a entretenerme con la preocupación. Amén.

Pero tú, cuando ayunes, péinate y lávate la cara. Así, nadie se dará cuenta de que estás ayunando, excepto tu Padre, quien sabe lo que haces en privado; y tu Padre, quien todo lo ve, te recompensará.
MATEO 6.17-18 NTV

El ayuno es idea de Dios, pero puede resultarte poco familiar. La mayoría del ayuno bíblico es una negativa deliberada a comer durante un tiempo. No es una dieta, sino una disciplina que nos proporciona más tiempo para centrarnos en nuestra relación con Dios. Renunciamos a algo con el fin de obtener algo mejor.

Aunque gran parte de las personas piensan en la comida cuando se les ocurre ayunar, hay otras formas de llevarlo a cabo. Podrías tomarte una pausa en algo que realmente te gusta para acercarte más a Dios. Podría tratarse de los deportes, de la música o incluso de las redes sociales.

Cuando precisas tomarte un respiro, el ayuno puede volver a enfocar tu vida.

Actúa con normalidad; el ayuno no es algo que hagas para que otros lo noten, sino para Dios.

Amado Dios, tú nos indicaste que el ayuno es algo que te honra. Tal vez descansar del drama de internet pueda ayudarme a convertir ese teatro online en tiempo invertido contigo. Ayúdame también a pasar más tiempo con amigos cristianos de confianza y a hallar nuevas oportunidades para servir. Amén.

DESCUIDAR EL CORAZÓN

Lo que importa no es tu aspecto exterior —tu peinado, las joyas que uses, el corte de tu ropa—, sino tu disposición interior. Cultiva la belleza interna, la hermosura discreta y misericordiosa en la que Dios se deleita.
1 Pedro 3.3-4 [TRADUCCIÓN LITERAL DE LA VERSIÓN THE MESSAGE]

¿Acaso el recato es tan solo cosa de chicas? ¿Es la lujuria un tema de chicos solamente? En el siglo XXI vemos la necesidad de que varones y mujeres sean decentes y decorosos.

La lujuria no debería confundirse nunca con el amor. El amor es generoso y amable, mientras que la lujuria toma y exige. El amor quiere lo mejor para los demás, mientras que a la lujuria solo le interesa lo que ella quiere.

El recato es verte con el suficiente valor como para no revelar deliberadamente cosas que no tienen que ser para los demás. Incluye el arte de la humildad.

La Biblia nos señala que podemos quedar tan atrapados en nuestra apariencia que descuidamos nuestro corazón. También podemos quedar tan prendidos en mirar a los demás, que no somos capaces de pensar correctamente.

La belleza interior puede tardar más en notarse, pero para los cristianos es una hermosura verdadera que resalta con el carácter y el amor de Dios. Es una belleza que merece la pena encontrar.

Amado Dios, ayúdame a entender que lo que visto y cómo actúo afecta a otros en formas positivas o negativas. Guarda mis ojos y mantén mi corazón enfocado en ti. Haz que mi mente y mi imaginación estén fijos en tus planes para mí. Señor, qué tú puedas hallar gozo en mis elecciones. Amén.

[Jesús dijo] Lo que sale de la persona es lo que la contamina. Porque de adentro, del corazón humano, salen los malos pensamientos.
MARCOS 7.20-22 NVI

En cada uno de nosotros hay un lugar que responde al bien y al mal. Aquello con lo que pase más tiempo manifestará, en última instancia, aquello que creemos de verdad.

La Biblia lo llama corazón, tu verdadero yo que se derrama cuando está lleno.

El corazón forma el carácter. Puedes dedicar tiempo a cosas que son verdad, honorables, justas, puras, hermosas, elogiables, excelentes y dignas de alabanza (ver Filipenses 4.8) o entretenernos con lo que conduce a la inmoralidad, al robo, al asesinato, a la avaricia, a la malicia, al engaño, a la envidia, a la calumnia, a la arrogancia y a la necedad (ver Marcos 7.22).

El corazón alimenta el mal y el bien con la misma rapidez. La Biblia afirma que no podemos entender nunca por completo los caminos del corazón. Ama la emoción. La mente acepta la lógica. Sin embargo, pueden colaborar para seguir a Dios, o fingir durante un tiempo.

Tus palabras y tus hechos son siempre siervos de lo que el corazón cree en realidad.

Amado Dios, haz que mi corazón y mi mente estén llenos de ti. Que mis elecciones demuestren cosas puras, excelentes y dignas de alabanza. Que pueda resistirme a la influencia de las cosas que me hacen considerar la avaricia, la arrogancia y el engaño como respuestas normales. Permíteme escoger con cuidado aquello a lo que doy acceso en mi corazón. Que mis respuestas reflejen un carácter desarrollado por ti. Amén.

*Por lo tanto, como escogidos de Dios, santos y amados,
revístanse de afecto entrañable y de bondad, humildad,
amabilidad y paciencia, de modo que se toleren unos a otros
y se perdonen si alguno tiene queja contra otro. Así como el
Señor los perdonó, perdonen también ustedes. Por encima
de todo, vístanse de amor, que es el vínculo perfecto.*
COLOSENSES 3.12-14 NVI

Si te gusta ir de compras, hay unas pocas cosas que añadir a tu lista
de *imprescindibles*. La Biblia afirma que necesitamos tener a nuestro
alcance la compasión, la bondad, la humildad, la amabilidad y la
paciencia. Si se te acaban de terminar estos básicos, no tienes más
que ponerte en contacto con Dios y hacer un pedido.

Dios nos pide que perdonemos, que amemos y que seamos
pacientes con los demás. Es difícil de hacer cuando tus primeras
opciones son la venganza, la indiferencia, el orgullo, la crueldad
y la irritación. Como cristianos somos nuevas criaturas, el pueblo
creado por la mano de Dios, listo para algo nuevo. Por esta razón Él
nos dio un vestuario nuevo. Nuestra ropa vieja ya no combina con
nuestro *nuevo* yo.

En realidad no hay necesidad de comprar cosas como la
compasión y la bondad, porque Dios ya te los ha proporcionado. La
verdadera pregunta es: ¿te vestirás con ellas?

*Amado Dios, tú me recuerdas que me creaste con un
propósito mayor del que los demás creen. Tú quieres que
yo haga más de lo que podría llevar a cabo por mí mismo.
Quieres que mi actitud externa refleje lo nuevo que estás
creando dentro de mí. Ayúdame a colaborar. Amén.*

Si alguien se jacta de amar a Dios y odia a su hermano o hermana, como si tal cosa, es un mentiroso. Si no ama a la persona a la que puede ver, cómo amará al Dios al que no puede ver? El mandamiento que tenemos de Cristo es directo: Amar a Dios incluye amar al prójimo. Tienes que amarlos a ambos.
1 JUAN 4.20-21 [TRADUCCIÓN LITERAL DE LA VERSIÓN THE MESSAGE]

Resulta fácil ver el valor de amar a Dios. Tampoco es difícil creer que las personas están demasiado confusas para amar. Cuando no amamos a las personas, nos estamos negando a seguir el segundo gran mandamiento de Dios. Jesús indicó que deberíamos amar al Señor por encima de todo, y después a todos los demás (ver Marcos 12.30-31).

Un hipócrita era un actor antiguo. Eran personas que llevaban máscaras para disfrazar lo que sentían de verdad. Estas caretas representaban algo que no era verdad. Pretendían engañar, pero al ser un entretenimiento clásico, la audiencia tenía que averiguarlo; el escenario estaba lleno de hipócritas. Representaban una ilusión.

Cuando afirmamos que amamos a Dios, pero no amamos a las personas, somos como malos actores que no pueden engañar a nadie, y nunca nos parecemos al Dios que afirmamos amar.

Tengo una buena noticia: hasta los hipócritas pueden cambiar.

Amado Dios, ayúdame a ser auténtico. Esto significa que te admito que me resulta difícil amar a otros. Con tu ayuda haré lo que me pides, y seré quien tú quieres que sea. Amén.

CUANDO LAS COSAS SE VUELVEN DEMASIADO IMPORTANTES

No amen a este mundo ni las cosas que les ofrece, porque cuando aman al mundo no tienen el amor del Padre en ustedes. Pues el mundo solo ofrece un intenso deseo por el placer físico, un deseo insaciable por todo lo que vemos, y el orgullo de nuestros logros y posesiones. Nada de eso proviene del Padre, sino que viene del mundo.

1 JUAN 2.15-16 NTV

¿Qué te hace especial? ¿Tu destreza en el deporte, tu estrategia en el juego, lo que posees, la identidad de tus padres o el lugar donde vives?

Algunos harán aquello que los hace felices, y considerarán el salir de compras como un deporte recreativo, examinarán sus trofeos o catalogarán sus posesiones.

Dios no te considera menos especial si procedes de la pobreza ni te valora más si tienes mucho dinero.

La cultura influye en nuestra perspectiva del valor. Si tenemos más, pensamos que hemos alcanzado el éxito. La Biblia nos señala que todas las cosas, los premios y la felicidad que acumulamos nos pueden distraer de compartir el amor divino cuando estas cosas se vuelven demasiado importantes para nosotros. Cuando dudamos, anhelamos a Dios.

Amado Dios, tú quieres que yo esté contigo en el cielo para siempre. La cultura exige que coleccione cosas que me hacen sentir exitoso, pero tú afirmas que tengo éxito cuando te obedezco. Aun cuando tú seas lo único que tengo, ayúdame a recordar que eres suficiente. Amén.

COMO ECHAR GAS A UN FUEGO

La respuesta amable calma el enojo,
pero la agresiva echa leña al fuego.
PROVERBIOS 15.1 NVI

Cuando inicias una conversación, las palabras que usas son tan importantes como tu forma de pronunciarlas. Frases como "¿Qué te hizo pensar...?" o "De no haber..." o "Fue una estupidez..." son como derramar gas sobre un fuego. Todos podemos ponernos a la defensiva si sentimos que otros dan por sentado que hemos hecho algo malo sin escucharnos primero.

Podría ser que incurramos en una culpa, pero la crítica puede convencernos de repartir golpes a diestro y siniestro, de regresar a las palabras hirientes y expresar enojo.

Si podemos iniciar conversaciones siendo amables, podríamos experimentar un resultado diferente. Si respondemos a los demás con amabilidad, lo más probable es que descubramos que la otra persona no puede seguir enojado durante largo tiempo. Es difícil luchar con alguien con palabras negativas, cuando no hay participación por su parte.

A algunos les encanta el drama. Hacer algo distinto. Negarse a acometer argumentos y después negarse a que uno prosiga. Una decisión aporta paz, mientras que la otra invita al enojo.

Amado Dios, tú esperas que muestre amor en mi forma de
responder a los demás. Aun cuando alguien esté furioso
conmigo, tengo la oportunidad de responder con amabilidad
y respeto. Es una oportunidad difícil de aceptar, porque
es más fácil responder en frustración. Ayúdame a estar
dispuesto a dar las respuestas que alejan la ira. Amén.

Por lo tanto, ya que fuimos declarados justos a los ojos de
Dios por medio de la fe, tenemos paz con Dios gracias
a lo que Jesucristo nuestro Señor hizo por nosotros.
ROMANOS 5.1 NTV

Los niveles de los entrenamientos olímpicos son muy altos. Los estándares de Dios lo son más aún: Él exige perfección. Si no honras a tus padres, si engañas o mientes —aunque sea una sola vez—, Él considera cada una de esta ofensas como el quebrantamiento de todas sus leyes.

Podrías argumentar que tu pecado no fue ni por asomo tan grave como matar a alguien, pero a los ojos de Dios todas las transgresiones son iguales. Un pecado equivale a la culpa absoluta.

No podemos salvarnos solos, y por ello es tan importante que Jesús viniera a la tierra. Él fue el único sacrificio perfecto aceptable a Dios. Se entregó de buen grado para pagar el castigo por nuestra elección de pecar.

Después de que Jesús resucitara de los muertos, se nos invitó a convertirnos en parte de la familia de Dios. Él aceptó el sacrificio de su Hijo Jesús, de manera que ya no había razón para que nos declarara culpables (ver Romanos 8.1).

Amado Dios, tu Hijo Jesús nos hizo justos a tus ojos. Podemos
experimentar la paz sabiendo que nos aceptas. Quiero mostrar
gratitud obedeciéndote, de manera que pueda llegar a ser más
como tú. Cuando falle, tú me perdonarás, pero pienso que si tú
pudieras escoger por mí, siempre elegirías la obediencia. Amén.

Dios siempre habla en serio. Él es quien manda. Su poderosa Palabra es tan cortante como el escalpelo de un cirujano, que lo corta todo, ya sea la duda o la defensa, y nos abre en canal para escuchar y obedecer. Nada ni nadie es inmune a la Palabra de Dios. No podemos escapar de ella, hagamos lo que hagamos.
HEBREOS 4.12-13 [TRADUCCIÓN LITERAL DE LA VERSIÓN THE MESSAGE]

Cuando una compañía hace un teléfono móvil, desarrolla un manual o guía para que los nuevos usuarios sepan cuáles son los beneficios y las limitaciones del aparato. Lo mismo ocurre con los automóviles, los lavavajillas y las cortacéspedes. Es poco común que alguien argumente que la empresa no entendía en realidad aquello de lo que hablaba cuando desarrolló el libro de instrucciones.

La Palabra de Dios es *su* palabra. Él inspiró la escritura de la Biblia y contiene la verdad sobre el Hacedor de todo lo conocido y lo desconocido. La Biblia debería recibir más respeto que cualquier otro manual de instrucciones, porque contiene el plan de *Dios*, la verdad y la vida.

Aun aquellos que no creen la veracidad de la Palabra de Dios no pueden escapar de lo que está escrito. Es prácticamente como si Él nos diera a cada uno de nosotros un corazón que siempre estará buscando la verdad que solo Dios ofrece.

Amado Dios, dame hambre por saber lo que has dicho en tu Palabra. Ayúdame a pensar lo suficiente en tus palabras para que encuentren un lugar en mi corazón y mi mente, y se abran camino en mis conversaciones con los demás. Gracias por no dejarme nunca en la oscuridad. Amén.

*Cuando yo era niño, hablaba como niño, pensaba
como niño, juzgaba como niño; mas cuando ya
fui hombre, dejé lo que era de niño.*
1 CORINTIOS 13.11 RVR1960

Los bebés ponen caras tiernas, emiten sonidos que nos hacen reír, y por lo general son adorables. Pero cuando un adolescente actúa como uno de ellos, el factor ternura desaparece. Los padres esperan que su pequeño manojo de alegría dé por fin su primer paso, pronuncie su primera palabra, coma alimentos sólidos, limpie la habitación y consiga un trabajo.

Nadie se siente cómodo junto a alguien que parece un joven, pero actúa como si tuviera dos años. Crecer es duro y requiere paciencia y práctica para apartar lo suficiente el orgullo egoísta con el fin de ver el valor de los demás.

A medida que crezcas te darás cuenta de que es posible hacer las elecciones correctas, aun cuando no te apetezca.

Vives entre donde estabas antes y donde estás por fin. Cuanto más miras hacia ese nuevo lugar, más tensión hay, pero no puedes permanecer donde te encuentras. Usa la Palabra de Dios como mapa de carretera.

Amado Dios, gracias por ayudarme a ver desde temprano en la vida que las cosas cambian. No soy el mismo que hace cinco años, y dentro de otros cinco seré mucho más distinto. Tú me hiciste crecer. Ayúdame a dejar a un lado las cosas infantiles para que pueda convertirme en un hombre según tu corazón. Amén.

*Pues, desde la creación del mundo, todos han visto los
cielos y la tierra. Por medio de todo lo que Dios hizo,
ellos pueden ver a simple vista las cualidades invisibles
de Dios: su poder eterno y su naturaleza divina. Así que
no tienen ninguna excusa para no conocer a Dios.*
ROMANOS 1.20 NTV

Toda la creación da testimonio de la naturaleza de Dios. Para llegar
a conocer a Dios, leemos la Biblia, oramos, asistimos a la iglesia y
llevamos a cabo todas las cosas normales que *«supuestamente»* deben
hacer los cristianos. Pero, ¿has reflexionado alguna vez sobre la
naturaleza y lo que ella muestra acerca de Dios?

¡Inténtalo! ¿Qué te dice de Dios una puesta de sol? Las puestas
de sol manifiestan que Dios tiene una naturaleza artística. Él ama
el color y la variedad; es un gran maestro a quien le gusta pintar el
cielo. Los atardeceres también me revelan la fidelidad de Dios. El sol
se levanta y se pone, sin falta cada día. Él es inalterable. Él es fiel.
Siempre podemos contar con Él.

¿Qué aprendes de Dios a partir de la naturaleza? ¿Qué te
enseña la grama? ¿Los árboles, las flores, las hormigas? ¿El océano,
las montañas, las praderas? ¿Los leones, las vacas y los perros?
Conforme va transcurriendo tu día, tómate tu tiempo para observar
la naturaleza que te rodea y contemplar las cualidades invisibles que
ella te revela acerca de Dios.

*Dios, es tan asombroso pensar que has escondido un poco
de ti mismo en cada parte de la creación. Abre mis ojos para
que pueda verte en la naturaleza que me rodea. Amén.*

¿No se dan cuenta de que su cuerpo es el templo del Espíritu Santo, quien vive en ustedes y les fue dado por Dios? Ustedes no se pertenecen a sí mismos, porque Dios los compró a un alto precio. Por lo tanto, honren a Dios con su cuerpo.
1 Corintios 6.19-20 NTV

Cuando pensamos en la imagen física, consideramos frecuentemente cosas que creemos carentes o que parecen ser de la talla incorrecta. Nos obsesionamos con las proporciones, la fuerza y con el hecho de que nuestro aspecto guste a los demás.

Desde la perspectiva de Dios, la imagen física significa algo muy diferente. Nuestro cuerpo no será eterno. Estaremos en el paraíso un día y Dios quiere que nos preparemos ahora para lo que será la vida allí.

El Espíritu Santo es otro de los grandes dones de Dios. Jesús lo llama nuestro Ayudador. Él nos advierte cuando consideramos tomar malas decisiones.

Dios llama a nuestro cuerpo el templo del Espíritu Santo, así que lo que hagamos con él mantendrá su casa en buen estado o la volverá menos habitable.

La imagen física no debería consistir en cómo veamos nosotros o los demás lo que hay por fuera, sino en cómo tratamos cada parte del lugar en el que mora el Espíritu Santo.

Amado Dios, si cada parte de mi ser es tuyo, debo tratar mi cuerpo con respeto porque es el lugar en el que tu Espíritu vivirá hasta que yo llegue al cielo. Ayúdame a preocuparme más de lo que tú piensas de mi cuerpo y menos de la opinión de los demás. Que mi opinión sobre mí mismo se ajuste a la tuya. Amén.

INCUMPLIMIENTO "HONESTO"

*Dios no puede soportar a los mentirosos; Él ama la
compañía de los que cumplen su palabra.*
Proverbios 12.22 [traducción literal de la versión The Message]

Cumplir tu palabra puede resultar inconveniente. Cuando las
circunstancias cambian y ya no es fácil respetar nuestro acuerdo,
podemos decidir que ya no estamos obligados a cumplir nuestras
promesas. Podría ser una promesa a tu madre o padre de limpiar tu
dormitorio. O a un hermano, hermana, amigo o maestro. Quizás aún
sigan esperando.

Puede ser que actuemos de buena fe, pero nuestros propósitos
no significan nada si siempre parecemos encontrar una manera de
escabullirnos de una promesa.

Cumplir tu palabra puede costar más de lo que quieras pagar,
pero ese precio merecerá la pena aunque no lo creas así en ese
momento.

Una promesa incumplida es una buena forma de decir que
se ha mentido. Respetar una promesa brinda a los demás una
gran oportunidad para confiar en nosotros. Si somos confiables se
pueden desarrollar amistades más estrechas, nos darán mayores
responsabilidades y obtendremos una buena reputación.

*Amado Dios, tú no quieres que yo sea feliz simplemente haciendo
promesas. Cumplir mi palabra es importante para mí, como
lo es para ti. Si voy a ser un líder algún día, ayúdame a ser
fiel para dar ejemplo de lo que es cumplir una promesa. Tú
siempre lo has hecho. Ayúdame a hacerlo también. Amén.*

*La gracia, la misericordia y la paz que provienen de Dios
Padre y de Jesucristo —el Hijo del Padre— permanecerán
con nosotros, los que vivimos en la verdad y el amor.*
2 JUAN 1.3 NTV

¿Puedes explicarme la diferencia entre misericordia y gracia? A ver si
esto te ayuda. Misericordia es ser perdonado cuando el castigo era lo
mejor que podías esperar. Gracia es recibir el derecho inmerecido de
un hijo de Dios.

Es parecido a lo siguiente. Imagina que sorprenden a una niña
robando en el huerto real. La misericordia es lo que la dejó libre tras
quebrantar la ley. La gracia es lo que le permitió el acceso a todo lo
existente en el reino, incluido el huerto.

Los cristianos tienen misericordia al perdonar la conducta
hiriente de otra persona. Ofrecemos un sentido de la gracia al tratar
a otros creyentes igualmente como hijos de Dios. Podemos tener
gracia con los que siguen buscando a Jesús.

Dios provee paz junto con la misericordia y la gracia. Cuando
sabemos que somos perdonados y estamos seguros de que somos
hijos de Dios, ¿de qué hay que preocuparse? La paz es el resultado
de saber que Dios es nuestro Padre.

*Amado Dios, ¿qué podría ser mejor que ser perdonado y hecho
parte de tu familia? Eres asombroso y tus dones son increíbles.
Permíteme descansar en tu paz sabiendo que si puedes perdonarme
y darme un hogar eterno, puedes ocuparte de todo lo demás. Amén.*

> *Como pueden ver, la fe por sí sola no es suficiente. A menos*
> *que produzca buenas acciones, está muerta y es inútil.*
> SANTIAGO 2.17 NTV

Somos salvos por fe —no podemos ganarnos nuestra salvación—
¿pero se supone que las obras deben ser un termómetro de nuestra fe?
¡Estoy confuso!

Es así: la salvación solo es posible por medio de la gracia
de Dios. No podemos hacer nada por nosotros mismos para ser
"suficientemente buenos" como para entrar en el cielo. Pero una
vez que *somos* salvos, debemos realizar buenas obras de manera
natural como prueba de nuestra fe y de la obra transformadora de
Dios en nuestra vida.

O piénsalo de esta forma: puedes hacer todos los deberes que
quieras durante el verano, pero estos no son la razón por la que tu
escuela te acepta en otoño. Sin embargo, una vez que empiezan las
clases, los maestros esperan que completes tus deberes.

La gracia y las obras funcionan de la misma manera. Puedes
llevar a cabo todas las buenas obras que quieras, pero estas no
serán las que te admitan en el cielo. Eso solo lo hace la aceptación
de la gracia de Dios. Pero una vez que eres adoptado como hijo de
Dios, se espera de ti que hagas buenas obras.

Lee Santiago 2.14-18. ¿Están desequilibradas tu fe y tus buenas
obras? ¿Cómo?

> *Señor Jesús, por favor libérame de sentir que debo hacer*
> *cosas buenas para ganarme tu aprobación. Es un alivio*
> *muy grande saber que ya la tengo por medio del sacrificio*
> *de tu Hijo, que me cubre. Ayúdame para que mis buenas*
> *obras sean un reflejo de tu gracia en mi vida. Amén.*

Ninguna disciplina es agradable a la hora de recibirla. Al contrario, ¡es dolorosa! Pero después, produce la apacible cosecha de una vida recta para los que han sido entrenados por ella.
HEBREOS 12.11 NTV

El entrenador te hace correr un poco más, un maestro añade más tareas, estás castigado, las cosas no van bien y te preguntas si se solucionará en algún momento.

Tanto si te corrigen como si decides someterte a la autodisciplina el resultado es significativo. Cualquier disciplina que soportes (excepto el maltrato físico) es acondicionamiento y entrenamiento para un futuro mejor.

Aprender mejores maneras de gestionar las decisiones personales es la razón de la disciplina. Cuando aprendes de los errores no tienes excusa para cometerlos de nuevo. Cuando eliges cometer la misma equivocación, pasa a ser un hábito y este influencia tu carácter.

La disciplina nunca sienta bien, pero llevará al crecimiento. Cuanto antes aprendas de tus errores menos necesitarás repetir la lección. Algún día podrás ver la agradable cosecha de vida recta de las personas entrenadas de esta manera.

Amado Dios, ayúdame a aprender que las consecuencias de una mala decisión siempre serán malas. Tú estás entrenándome y acondicionándome para la carrera de mi vida. Ayúdame a responder de una manera que te honre y muestre que me comprometo a aprender de mis errores. Amén.

Cuida tu lengua y mantén la boca cerrada,
y no te meterás en problemas.
PROVERBIOS 21.23 NTV

Debes contar a un adulto algunos secretos que oigas. Por ejemplo, si alguien te dice que está pensando hacerse daño a sí mismo o a otra persona, debes buscar ayuda.

Muy a menudo te pedirán que guardes un secreto. Prometemos hacerlo, pero seguidamente se lo contamos a alguien, recordándole que es algo confidencial. Entonces esta persona hace lo mismo y pronto todo el mundo lo sabe.

Los secretos deben ser privados. Tu amigo/a puede estar tratando de entender un problema por el que está pasando antes de decidir confiártelo. Sin embargo, cuando dejas que se filtren los detalles, esto solo provoca que se convenza de que cometió un error al confiar en ti.

Si sientes que debes contarlo sin duda, asegúrate de hacerlo a un adulto de confianza que pueda ayudar. Pasar información a otras personas de tu edad solo destruye amistades, aumenta la frustración y da lugar a problemas indeseados.

Con las redes sociales las personas pueden publicar detalles de cada parte de su vida. Si alguien comparte contigo vivencias privadas, no lo hace para alimentar las noticias.

Amado Dios, ayúdame a ser un buen amigo. Si alguien necesita
ayuda, yo debería conseguirla. Si simplemente quiere compartir
sus asuntos conmigo, debo mantener la boca cerrada. Siempre
puedo hablar contigo acerca de cualquier problema. Que yo
use la boca para pedirte ayuda en toda situación. Amén.

Entonces dijo Moisés a Jehová: «¡Ay, Señor! nunca he sido hombre de fácil palabra, ni antes, ni desde que tú hablas a tu siervo; porque soy tardo en el habla y torpe de lengua». Y Jehová le respondió: «¿Quién dio la boca al hombre? ¿O quién hizo al mudo y al sordo, al que ve y al ciego? ¿No soy yo Jehová? Ahora pues, ve, y yo estaré con tu boca, y te enseñaré lo que hayas de hablar».
ÉXODO 4.10-12 RVR1960

Quizás te pongas nervioso delante de personas, o quizás te sientes entre la multitud y no puedas entender por qué tendría alguien un problema por ser el centro de atención.

Moisés se ponía nervioso ante la gente. Tú creerías que le gustaba no pasar desapercibido. Creció en el palacio del faraón egipcio, pero siendo ya adulto quería ver a su familia liberada de la esclavitud. Dios lo envió a hablar con Faraón. ¿Cuál fue la respuesta de Moisés? Fue algo parecido a: «Amado Dios, se me traba la lengua. No seré muy bueno en eso».

¿Suena a que Moisés era tímido? Quizás. Dios escogió a Moisés, pero prometió que podía ayudarle con las palabras que debía pronunciar. Este se convirtió pronto en algo más que un tímido nómada. Guió a su pueblo fuera de Egipto hacia la tierra que Dios les había prometido.

Amado Dios, ayúdame a hablar cuando tengo miedo, a encontrar amigos a pesar de ese miedo. Tú ayudaste a Moisés. ¿Podrías ayudarme a mí? Amén.

AMAR SIN EL "SI"

[Jesús dijo]: "Este es mi mandamiento: Amaos los unos a los otros como yo os he amado. Esta es la mejor manera de amar. Pon tu vida en juego por tus amigos".
JUAN 15.12-13 [TRADUCCIÓN LITERAL DE LA VERSIÓN THE MESSAGE]

Amar incondicionalmente es amar sin el «si». El «si» es la condición que ponemos a nuestro don del amor. Si amas incondicionalmente, la otra persona no tiene que hacer nada excepto aceptar tu regalo.

Amar incondicionalmente no es solamente algo para maridos y esposas. También sirve para las amistades, ayudar a otros o visitar a alguien.

Parece que todo el mundo pone condiciones al amor. Cuando amas realmente sin exigencias, alguien podría decirte: «te lo debo» e incluso entender que la mayoría de las personas esperan algo a cambio. Puede resultar difícil convencer a esta persona de que no te debe nada.

Dios nos ama de esta forma. No teníamos nada que ofrecerle, pero Él envió a Jesús para que nos amara lo suficiente como para salvarnos (ver Romanos 5.6). El amor de Dios nunca dice: «Si pusieras tu vida en orden. Si lo intentaras con un poco más de energía. Si dejaras de ser imperfecto». Cuando aceptamos realmente su amor, Él se preocupa suficientemente para invitarnos a una manera mejor de vivir.

Amado Dios, te agradezco que me ames sin ningún «si». Acepto tu amor y te pido que me ayudes a compartirlo con los demás. Que yo nunca ponga exigencias como condición para amar realmente a cualquier persona creada por ti. Amén.

Samuel todavía no conocía al Señor, porque nunca antes había recibido un mensaje de Él. Así que el Señor llamó por tercera vez, y una vez más Samuel se levantó y fue a donde estaba Elí. "Aquí estoy. ¿Me llamó usted?". En ese momento Elí se dio cuenta de que era el Señor quien llamaba al niño. Entonces le dijo a Samuel: "Ve y acuéstate de nuevo y, si alguien vuelve a llamarte, di: 'Habla, Señor, que tu siervo escucha'".
1 SAMUEL 3.7-9 NTV

«¡No sé lo que Dios quiere que yo haga!».

Encontrar la dirección de Dios para tu vida empieza preguntando, y escuchando después. Oír la voz de Dios requiere práctica. ¡Ni siquiera el famoso profeta Samuel pudo reconocerla al principio! Pero Dios continuó hablando y finalmente Samuel aprendió a reconocer su voz.

Resulta difícil escuchar mientras oramos. ¡Pero no te rindas! Dios seguirá hablando hasta que aprendas a oírlo. En unas ocasiones hablará a tu espíritu interior, en otras su dirección llegará por medio de las Escrituras o el sabio consejo de otras personas y, en otras, conoceremos su voluntad por las puertas que se abran o cierren o por una intenso sentimiento de paz. Cuanto más practiques el escuchar a Dios, más lo oirás. ¡Así que adelante, muchacho!

Señor, ayúdame a distinguir tu voz de otras y saber cuándo me estás hablando. Me alegra saber que sigues hablando hasta que yo te oigo finalmente. ¿Qué quieres decirme ahora mismo? Amén.

Hagan brillar su luz delante de todos, para que ellos puedan ver las buenas obras de ustedes y alaben al Padre que está en el cielo.
MATEO 5.16 NVI

Si eres un seguidor del deporte, representas a tu equipo, asistes a sus juegos y compras ropa del mismo. Conoces a los jugadores, entrenadores y mascota. La gente sabe que eres un fan. Puedes hablar de las jugadas clave del último juego y llevas tus colores con orgullo.

¿Deberías implicarte menos cuando sigues a Jesús? Revisar el libro de jugadas (la Biblia), conocer a los jugadores (conocer las historias), entender las reglas (aceptar los mandatos de Dios) y animar al equipo de casa.

Vive tu vida de manera que, si el resto del mundo vive en tinieblas, este sepa a quién representas por la luz que tu vida refleja. Quizás algunos quieran saber más acerca de qué te cambió mientras que otros se retiran a las tinieblas.

Si te permites ocultar quién eres, entonces puede que no estés representando a Jesús, sino simplemente admirándolo desde la distancia. Él quiere que estemos involucrados con él "al máximo".

Tienes cosas que aprender, personas que amar, gozo que compartir, esperanza que transmitir y misericordia que distribuir. Es el momento de dejar el corrillo y entrar en el juego.

Amado Dios, tú me has dado la responsabilidad de permitir que los demás te vean a través de mis palabras, acciones y vida. Deja que tu perfecto amor resplandezca incluso en mi imperfección. Ayúdame a no avergonzarme nunca de ti. Soy tuyo y me siento honrado por ser tu hijo. Amén.

La gente trabajadora siempre duerme bien, coma mucho o coma poco; pero los ricos rara vez tienen una buena noche de descanso.
ECLESIASTÉS 5.12 NTV

«¡Me aburro tanto!», te lamentas.

«Pues encuentra algo que hacer», responde tu mamá.

¿Te suena familiar? Dios nos diseñó para trabajar. Él creó a Adán y Eva y los puso en el Huerto de Edén para que lo mantuvieran. Su propósito nunca fue que tuviéramos una vida de pereza y ocio. Cuando trabajas duro, aunque no sea divertido, acabas el día satisfecho y duermes bien. Pero cuando pasas el día durmiendo y holgazaneando sin hacer nada, a menudo tienes dificultades para dormir por la noche.

El descanso y el ocio no son cosas malas; Dios incluso nos manda que tengamos un día de descanso a la semana. Pero demasiado reposo nos lleva a la pereza, que sin duda es algo malo (ver Proverbios 10.4, 26; 12.24; 13.4; 21.25).

La próxima vez que el aburrimiento te envuelva, examina tu vida. ¿Por qué te aburres? ¿Has tenido demasiado tiempo de ocio y has acabado sintiéndote inquieto, perezoso e improductivo? Encuentra algún trabajo que llevar a cabo, sea un empleo, ayudar en casa, ser voluntario en algún lugar o participar en una actividad física. ¡Muévete y serás una persona más feliz; y te aburrirás menos!

Uf. Señor, cuando estoy aburrido, realizar algún tipo de trabajo es habitualmente lo último que quiero hacer. Ayúdame a conocer el valor del trabajo, y tener una buena actitud hacia él. Amén.

PERDÓN PARA LOS TRANSGRESORES

Si declaramos que estamos libres de pecado, solo estamos engañándonos a nosotros mismos. Una declaración así es un sinsentido alejado de la verdad. Por el contrario, si admitimos nuestros pecados —los confesamos— él no nos abandonará; será fiel a sí mismo. Él perdonará nuestros pecados y nos limpiará de toda transgresión.
1 JUAN 1.8-9 [TRADUCCIÓN LITERAL DE LA VERSIÓN THE MESSAGE]

Algunas personas tienen un problema a la hora de pronunciar las palabras «lo siento». Pueden ser conscientes de que han ofendido a alguien, pero ignoran el asunto y tratan de no cometer de nuevo la misma equivocación. Este enfoque no funcionará con Dios. Su perdón llega cuando admitimos que hemos pecado.

Dios quiere que entendamos cuándo hemos hecho una mala elección. Quiere que estemos de acuerdo con Él en que su perdón es necesario. Si nunca decimos que lo sentimos, nos instalamos en la soberbia y eso nunca nos acercará a Dios.

Necesitamos el perdón. No podemos simplemente intentar hacerlo mejor en la siguiente ocasión. El pecado exige que reconozcamos que somos transgresores necesitados de perdón. Como pecamos, necesitamos admitir la verdad y aceptar el amor de un Dios perdonador.

Amado Dios, no resulta divertido venir a ti y admitir que te he fallado, una vez más. Sin embargo, eso es lo que tú quieres. Ayúdame a ser honesto en lo relativo a mis acciones y volver a ti cada vez que me aparto de ti. Amén.

CORAZONES ENDURECIDOS Y EXPECTATIVAS TRUNCADAS

La fe es la confianza de que en verdad sucederá lo que esperamos;
es lo que nos da la certeza de las cosas que no podemos ver.
HEBREOS 11.1 NTV

◇◇◇

Todos tenemos dudas. En ocasiones nos preguntamos si ocurrirán cosas buenas alguna vez. No estamos seguros de si quien dijo que estaría ahí para nosotros lo estará realmente. Vivimos en un estado continuo de «lo creeré cuando lo vea». Estas son las condiciones perfectas para un corazón endurecido con expectativas truncadas. Puedes creer fácilmente que es normal que otras personas te abandonen, que no puedes confiar realmente en nada y que hay muy poco que esperar.

Fe es decidir creer todas las cosas buenas que Dios prometió antes de que estas ocurran. Es más fácil tomar esta decisión porque Dios ya ha cumplido muchísimas promesas. Él ha demostrado ser más que digno de confianza, su Hijo entregó su vida para rescatarte de un pasado reconocido por tus decisiones pecaminosas y tiene un maravilloso futuro sin igual.

Con Dios, fe significa que puedes estar seguro de que Él hará lo que afirmó que haría.

Amado Dios, no puedo responderte bien cuando mi corazón
está endurecido. Ayúdame a encontrar los pasajes de tu
Palabra en los que puedo descubrir la demostración de
las promesas que tú has cumplido. Ayúdame a recordar
tus respuestas a la oración, una vez tras otra. Amén.

*No seáis ingenuos. Vienen tiempos difíciles. Conforme el fin se
vaya acercando, las personas se van a volver egocéntricas, ávidas
de dinero, que se elogian a sí mismas, engreídas, profanas,
que desprecian a los padres, toscas, burdas, despiadadas,
inflexibles, difamadoras, impulsivamente agresivas, salvajes,
cínicas, traicioneras, crueles, charlatanas infladas, adictas a la
lujuria y alérgicas a Dios. Ellas aparentarán ser religiosas pero en
su interior son animales. Mantente apartado de estas personas.*
2 TIMOTEO 3.1-5 [TRADUCCIÓN LITERAL DE LA VERSIÓN THE MESSAGE]

Jesús volverá algún día. Cada generación ha aguardado su retorno.
Parece como si siempre nos enfrentáramos a las malas decisiones
de las personas que nos rodean. Esto puede ser un problema si nos
involucramos con malas influencias.

Observa la larga lista de opciones y actitudes comunes entre
quienes dicen amar a Dios. Estos se preocupan de sí mismos, sus
asuntos y deseos. No quieren realmente aquello que Dios ama.
Buscan todo lo que les divierta en ese momento.

¿Cómo tratamos con personas así? En primer lugar, oremos
por ellas y por nosotros. No podemos tomar decisiones por los
demás, pero podemos asumir la responsabilidad de nuestras propias
elecciones. Nunca debes hacer *nada* contra lo que Dios haya
advertido. Eres siempre libre de tomar la decisión correcta.

*Amado Dios, ayúdame a aceptar la responsabilidad de mis
propias acciones. Que mis decisiones honren tu nombre. Amén.*

*Y Dios puede hacer que toda gracia abunde para ustedes,
de manera que siempre, en toda circunstancia, tengan todo
lo necesario, y toda buena obra abunde en ustedes.*
2 CORINTIOS 9.8 NVI

Se espera de los hijos que lleven a cabos ciertas tareas. Esto incluye habitualmente obligaciones relativas a tirar la basura, lavar calcetines sucios y cortar el césped. Se espera de los estudiantes que entiendan los verbos, la redacción de ensayos y por supuesto el teorema de Pitágoras. Los miembros de una banda de música leen las partituras, saben tocar su instrumento y caminan mientras lo hacen. ¿Existen menos expectativas para un cristiano?

Por cada cosa que Dios espere de ti, Él siempre te proveerá una motivación para que hagas lo que te pide. Cuando Dios indica que debes perdonar a los demás, Él te ofrece gracia. Cuando te pide que ames a los demás, te recuerda lo que Jesús hizo para librarte del castigo del pecado. Cuando te pide que compartas tu historia, te recuerda que sin Él no existiría la misma.

Cuando cumples con las expectativas que Dios tiene de ti, recuerda que Él siempre está dispuesto a ayudarte y darte lo que necesitas.

*Amado Dios, siempre puedo esperar que seas fiel,
amoroso, generoso, misericordioso y bueno. Ayúdame
a ser un hijo que sigue a su Padre celestial siendo un
reflejo de quién eres tú y aceptando las razones que me
das para vivir conforme a tus expectativas. Amén.*

Pero el que odia a otro creyente todavía vive y camina en la oscuridad. No sabe por dónde ir, pues la oscuridad lo ha cegado.
1 JUAN 2.11 NTV

Amar a las personas es uno de los grandes mandatos de Dios. El amor es una elección que hacemos para mostrar que le seguimos. Cuando pensamos acerca de amar a los demás, resulta fácil creer que esta idea solo incluye a quienes probablemente no conozcan a Jesús y necesiten ver cómo es el amor de Dios.

Es posible pasar tiempo con otros cristianos, ver sus faltas y acabar aborreciéndolos por sus errores, costumbres y soberbia. En ocasiones ni siquiera nos hace falta encontrar un fallo para odiar a otro cristiano.

Si te encuentras en este sombrío lugar, la Palabra de Dios declara que has dado la espalda a la luz de Jesús. En esas tinieblas descubrirás que es muy difícil ver adónde quiere Dios que vayas. También te resultará complicado experimentar gozo, paz y satisfacción.

Los cristianos deben pasar tiempo juntos. Elegir la opción de amar a otro cristiano puede ser la clave de tu propia salud espiritual. Eso mejorará sin duda tu visión.

Amado Dios, tú no eres un Dios de odio, sino de amor. Este amor no es simplemente para quienes necesitan conocer a tu Hijo, sino también para quienes ya lo hacen. Ayúdame a amar a mi familia cristiana incluso cuando me saquen de quicio. Amén.

SIN APLAUSO PARA EL ABUSO

No tienen lo que desean porque no se lo piden a Dios. Aun
cuando se lo piden, tampoco lo reciben porque lo piden con
malas intenciones: desean solamente lo que les dará placer.
SANTIAGO 4.2-3 NTV

Todo abuso es consecuencia de que alguien no consiga lo que quiere.
Puede ser el acceso a un mejor trabajo, un grado superior o un
coche más caro. Cuando no llega a tenerlo, paga su frustración con
cualquiera que puede no haber influido en absoluto en la decisión.

Puede que la víctima del abuso nunca entienda las razones de
tal conducta. Es posible que incluso asuma la responsabilidad del
mismo. Nunca creas eso.

Todos esos agresores buscan su propio beneficio. No hablan
con Dios porque saben que sus ambiciones no están en sintonía con
su plan. Con Dios no hay aplauso para el abuso.

Amado Dios, no quiero ser egoísta. Si buscar mi propio beneficio
significa que sea más probable hacer daño a otras personas,
entonces necesito desear tu propio beneficio más que cualquier plan
mío. Ayúdame a escoger siempre el amor sobre la violencia. Amén.

Si son fieles en las cosas pequeñas, serán fieles en las grandes;
pero si son deshonestos en las cosas pequeñas, no actuarán
con honradez en las responsabilidades más grandes.
LUCAS 16.10 NTV

No sé porque no confían en mí.

¿Has pensado eso alguna vez? Crees que puedes gestionar responsabilidades mayores, pero todas las que te dan son las que alguien mucho más inexperto podría llevar a cabo sin problema. Piensas que eres demasiado viejo para tales responsabilidades menores.

Dios es claro. Si te niegas a ocuparte de las cosas pequeñas, no puedes esperar que nadie te dé una responsabilidad grande.

Puede parecer humillante sentir que deberías estar realizando trabajos que requieren más madurez, pero que te traten como si estuvieras en la guardería.

La manera más rápida de avanzar es garantizar que *siempre* llevas a cabo los trabajos que te piden, incluso cuando estos parezcan estar por debajo de tus capacidades. Así es la fidelidad. Es más que una simple obediencia de una sola vez. Haz de ella un patrón de vida y observa cómo cambian las opiniones de los demás en lo relativo a tu capacidad, y responsabilidad.

Amado Dios, tú quieres que yo sea confiable, cumplidor
y responsable. Esto es lo que tú llamas fidelidad, y tú la
inventaste. Ayúdame a realizar lo que se me pida, cuando
se me pida, sin que tengan que decírmelo dos veces. Me
voy acercando a la edad adulta cada día. Por favor, dame
la forma de la persona que tú quieres que yo sea. Amén.

DAR VOLUNTARIAMENTE

Probablemente no os equivoquéis en este asunto si
seguís recordando que nuestro Maestro declaró:
«Seréis mucho más felices al dar que al recibir».
HECHOS 20.35 [TRADUCCIÓN LITERAL DE LA VERSIÓN THE MESSAGE]

Ella pone dinero en el cepillo de la ofrenda en la iglesia, pero guarda un poco en reserva para ayudar a quienes ve pasando necesidades. Sus amigos piensan que eso es poco habitual, pero ella entiende algo que ellos aún están aprendiendo. Ella recordará el rostro agradecido de esa joven madre a la que faltaban algunos dólares para pagar la compra del supermercado y tenía que dejar de lado algunos artículos menos esenciales. Recordará la alegría de llegar para ayudar. Recordará su decisión de obedecer.

Quizás no ganes mucho dinero. Quizás estés cobrando un subsidio y consideres que puedes emplear cada centavo para comprar lo que quieras. Pero cuando des voluntariamente parte del mismo descubrirás lo que ella hizo: se produce un gozo increíble al permitir que Dios lleve a cabo algo impresionante con el dinero que Él provee.

Dios nos ha dado todo lo que tenemos. Él no necesita nuestro dinero para mantener las cosas en buen estado. Nuestro acto de dar es algo que conecta nuestro corazón con el suyo. Nosotros damos porque Él dio. Nuestra generosidad es una señal de que entendemos su corazón.

Amado Dios, tú quieres que yo sea generoso. Yo no tendría
nada de no ser por ti. Ayúdame a abrir la mano en la
que tengo tu dinero y compartir cada vez que tú lo pidas.
Gracias por ser siempre generoso conmigo. Amén.

Así es como se explica la diferencia entre los hijos de Dios
y los hijos del diablo: aquel que no practique la justicia
en su caminar no es de Dios, como no lo es quien no
ame a su hermano o hermana. Una prueba simple.
1 JUAN 3.9 [TRADUCCIÓN LITERAL DE LA VERSIÓN THE MESSAGE]

Dios quiere que juzguemos. No se refiere a juzgar si Dios podría amar, salvar o aceptar a un individuo. Se trata de un tipo de juicio que se parece un poco al trabajo de un detective y no tanto al de un juez. La Biblia lo llama *discernimiento*.

El discernimiento ayuda a distinguir la diferencia entre buenas y malas decisiones, quién puede ser una buena influencia y quién no, así como quién sigue a Dios y quién finge hacerlo.

El versículo de hoy puede emplearse para convertirse en mejores detectives de discernimiento. Es una comprobación fácil. Si una persona hace una práctica de vivir según la Palabra de Dios y ama a otros cristianos, entonces representa a los hijos de Dios. Si no le importa lo que Dios tiene que decir y siempre encuentra fallos en otros cristianos, es posible que no sea hija de Dios.

Tú nunca serás el juez final de la vida de nadie —ese es el trabajo de Dios— pero el discernimiento puede ayudarte a identificar quién podría ser una influencia digna de confianza.

Amado Dios, tú aborreces cuando yo soy sentencioso,
pero me animas a discernir entre las cosas buenas y
malas. Ayúdame a determinar qué influencias te agradan
y discernir qué cosas permitir en mi vida. Amén.

UN AUTÉNTICO FRACASO

*Y Él me ha dicho: «Te basta mi gracia, pues
mi poder se perfecciona en la debilidad».*
2 CORINTIOS 12.9 LBLA

John Wayne representó personajes de cine que eran autosuficientes, fuertes y despreciaban la idea del fracaso o la debilidad. Aunque fue un actor admirable no estoy seguro de que sea el modelo perfecto del hombre cristiano.

Los hombres cristianos entienden cuando fracasan. Entienden que son débiles en comparación con Dios. Saber esto no evita que sean valientes ni debería impedirles entrar en el gimnasio. Sin embargo, significa que deben ser honestos acerca de su necesidad de un Salvador. La mayoría de nuestros músculos espirituales son débiles.

Dios rescata a los débiles. Da gracia a los humildes. Él resiste a quienes actúan como si no lo necesitaran. El poder de Dios está disponible una vez que admitimos que lo necesitamos.

Ser un auténtico chico cristiano significa cooperar con Dios en la transformación de la vida siendo lo suficientemente honesto como para decir que no siempre lo haces bien.

Amado Dios, sería bueno afirmar que nunca he fracasado, pero estaría mintiendo. Si digo que no te necesito, rechazo la única fuerza a la que tengo acceso de una manera confiable. Muestra tu poder en mi debilidad y tendré otra razón para honrarte. Amén.

DAR EL PASO

Nadie podrá hacerte frente mientras vivas. Pues yo estaré contigo como estuve con Moisés. No te fallaré ni te abandonaré. Sé fuerte y valiente, porque tú serás quien guíe a este pueblo para que tome posesión de toda la tierra que juré a sus antepasados que les daría.
JOSUÉ 1.5-6 NTV

Un parque acuático cercano a mi casa disponía de varios trampolines elevados. Yo siempre quería saltar desde el más alto, pero una mirada hacia abajo hacía que me volviera atrás por las escaleras. Por mucho que me mentalizara, nunca podía saltar. Entonces, un día, mi padre me tomó de la mano y me dijo que saltaría conmigo. Yo seguía asustado, pero saltar con papá me insufló una valentía adicional.

Cuando Moisés murió, Dios confió a Josué la inmensa tarea de liderar a Israel para reclamar la tierra prometida. ¡Eso significaba expulsar a muchas naciones! En numerosas ocasiones Dios garantizó a Josué que nunca lo abandonaría y le animó a ser fuerte y valiente.

Dios nos pide a veces que llevemos a cabo cosas que dan miedo. Pero Él no nos deja saltar solos. Él toma nuestra mano y da el paso con nosotros.

Dios, gracias por no abandonarme nunca. Ayúdame a ser valiente y realizar las tareas que me pides, sabiendo que estás ahí a mi lado en todo momento. Amén.

*Es mejor ser pobre y honesto
que ser rico y deshonesto.*
PROVERBIOS 28.6 NTV

Si ves las películas suficientes podrías sentirte tentado a creer que la única manera de avanzar en la vida es buscar resquicios legales, mentir en las solicitudes y aprovecharse de los tecnicismos. Casi pensarías que la gente *espera* de ti que hagas trampas con el fin de alcanzar tus objetivos. La honestidad parece ser un concepto extraño.

Dios considera que las trampas son una manera deshonesta de conseguir un objetivo. Él afirma que preferiría que siguieras siendo pobre y mantuvieras la integridad en lugar de enriquecerte engañando. Aunque nadie se dé cuenta, Dios lo sabe y Él preferiría ver tu integridad intacta en lugar de que confíes en el engaño.

Copiar en un examen no refleja tu conocimiento real sobre una materia. Mentir en una solicitud no demuestra tu verdadera experiencia y habilidades. Hacer trampas durante un juego no muestra tu capacidad atlética real.

Un estilo de vida basado en el engaño te priva de poder responder realmente a las preguntas relativas a tus verdaderas capacidades. Siempre estarás engañando a los demás. Siempre estarás engañándote a ti mismo. De repente, ser pobre y honesto parece algo muy bueno.

Amado Dios, te gusta la honestidad y desprecias el engaño. Tú puedes perdonarlo y lo haces, pero quieres que yo sea honesto a la hora de tomar decisiones, de interactuar con los demás y en mi relación contigo. Ayúdame a considerar el engaño un pobre sustituto de una vida recta. Amén.

¿Quién encerró el mar tras sus compuertas cuando este brotó del vientre de la tierra? ¿O cuando lo arropé con las nubes y lo envolví en densas tinieblas?¿O cuando establecí sus límites y en sus compuertas coloqué cerrojos?¿O cuando le dije: «Solo hasta aquí puedes llegar; de aquí no pasarán tus orgullosas olas?».

JOB 38.8-11 NVI

Dios trae orden al caos. Quizás sea esta la razón por la que cuando alguien acepta finalmente su regalo de rescate, se da cuenta de que la vida con Dios tiene sentido. Él establece los límites del océano. Da tres meses a cada estación del año. Indica el día y la noche cuándo comenzar. Nos sentimos seguros cuando sabemos que esos límites están fijados. Sería extraño que el sol empezara a brillar por la noche, que el invierno apareciera en verano o que el océano cambiara repentinamente su ubicación.

Los cristianos también existen con límites. Cuando seguimos los límites de Dios en nuestras acciones podemos sentir que Él no quiere que nos divirtamos. Los límites nos ayudan a conocer las expectativas de Dios de manera que seamos libres para llevar a cabo aquello para lo que Él nos creó.

Amado Dios, tú creaste las aves para que volaran, no para nadar. Hiciste las serpientes para que reptaran, no para galopar. Tú me hiciste para seguirte, no para vivir lejos de ti. Siempre seré libre cuando me desarrolle en el lugar que tú has creado para mí. Ayúdame a reconocer que los límites son buenos para mí, no algo que me impide disfrutar de las cosas buenas. Amén.

Del mismo modo, ustedes los más jóvenes tienen que aceptar la autoridad de los ancianos; y todos vístanse con humildad en su trato los unos con los otros, porque «Dios se opone a los orgullosos pero da gracia a los humildes».
1 PEDRO 5.5 NTV

Algunos adultos son muy dados a afirmar: «Los niños llegan a una cierta edad y creen que lo saben todo». Es verdad; algunos lo hacen. Espero que esto no te describa.

Dios quiere que las personas como tú aprendan de quienes han vivido un poco más. Cuando lo haces, puedes oír algunas historias fascinantes, pero también sabrás qué errores evitar, qué virtudes buscar y algunas respuestas a preguntas que ignorabas tener.

Nunca vayas por ahí sintiéndote superior a personas que son parte de una generación que tú no entiendes. Ellas tuvieron tu edad en su día y han tenido más vivencias que tú. Lo que ellos saben puede ser algo importante que aprender.

Cuando crees que lo sabes todo, puedes estar seguro de que llegará una nueva y extremadamente dura lección que ni siquiera sabías que necesitabas.

Ten honor y humildad. Sé alguien a quien se pueda enseñar. Las lecciones se entienden mejor cuando tienes buenos maestros. Esos maestros pueden convertirse en grandes amigos.

Amado Dios, tú no quieres que yo sea arrogante, sino que honre a esas personas mayores que yo. Ayúdame a apreciar su sabiduría y el tiempo que están dispuestas a invertir en mi enseñanza. Amén.

El Señor está cerca de los que tienen quebrantado el corazón;
Él rescata a los de espíritu destrozado.
SALMOS 34.18 NTV

El pesar es como si alguien te tirara un pedrusco al corazón. Provoca que tengas pensamientos disparatados e insiste en que las cosas empeorarán. El pesar te miente. Te mantiene secuestrado en un lugar de desesperación y dolor.

Es natural sentir pesar cuando alguien fallece, después de una ruptura y cuando te separas de buenos amigos.

El pesar crea una atmósfera de soledad. Tu estado de ánimo melancólico indica a los demás que no es momento de acercarse, sino de mantenerse alejados. Puede que ese no sea el mensaje que pretendes enviar, pero así es como reaccionan los demás.

Dios tiene un mensaje especial para los afligidos. Él declara: «Estoy aquí para rescatarte de este horrible lugar». Aunque no sean sus palabras exactas, la verdad es la misma. Dios sabe que necesitarás de Él en tu aflicción. Sabe que necesitas ser rescatado cuando tu corazón está destrozado. Él nunca te deja pasar por eso solo, aunque algunas personas rechazan su compañía.

Nunca creas que no hay salida del pesar que sientes. Dios puede caminar contigo, lo hace y lo hará a través de ese trance parecido al «valle de sombra de muerte» (ver Salmo 23).

Amado Dios, tu corazón entiende el pesar. Tú diste a tu único Hijo
para rescatarme. Tú lo viste morir. Tú oíste cómo te preguntaba
por qué lo habías abandonado. Sin embargo, en todo pesar
existe un nuevo potencial para el gozo. Camina conmigo
cuando más me duele. Gracias por entenderme. Amén.

Pues Dios no muestra favoritismo.
ROMANOS 2.11 NTV

¿Y si Dios declarara que las únicas personas que Él puede amar realmente tuvieran que calzar cierto número de pie, ser capaces de cantar a la tirolesa y preferir el orégano sobre cualquier otro condimento? Eso dejaría a muchas personas sin ser amadas.

Dios no manifiesta favoritismo, nosotros lo hacemos.

Solo nos gustan las personas con intereses, aspecto y color de piel parecidos a los nuestros, mientras que rechazamos a los demás sin saber siquiera su nombre.

El favoritismo da lugar a camarillas, clubes y bandas. Si tú eres uno de los pocos privilegiados, puedes llegar a formar parte de algo que se considera una élite, por los pocos privilegiados.

Las personas populares lo son a menudo únicamente porque un pequeño grupo de personas afirma que lo son. El resto simplemente lo acepta.

¿Y si solamente te gustara llegar a conocer personas? ¿Y si alguien que parece diferente a ti te ayudara a aprender algo desconocido para ti? ¿Y si te llevaras la sorpresa de entablar una amistad con alguien de quien nunca pensaste que podía ser un potencial amigo?

Todas las personas necesitan conocer a Dios, pero si adoptamos el hábito de hablar únicamente con quienes encajen en nuestros requisitos, no podremos compartir lo que sabemos con la mayoría de la gente.

Dios no manifiesta favoritismo. ¿Por qué deberíamos hacerlo nosotros?

Amado Dios, no resulta divertido estar en el exterior mirando hacia adentro. Ayúdame a estar en el interior y alcanzar a quienes están fuera. Ayúdame a recordar siempre que tú amas a todas las personas incluso cuando ellas no lo aceptan. Amén.

CRECER COMO JESÚS

*Y Jesús crecía en sabiduría, en estatura y en
gracia para con Dios y los hombres.*
LUCAS 2.52 LBLA

No conocemos detalles acerca del Jesús adolescente, pero Lucas 2.52 nos provee un breve resumen. Cuando Jesús pasó de la niñez a la edad adulta, sabemos que creció en sabiduría (mentalmente), estatura (físicamente) y en gracia con Dios (espiritualmente) y los hombres (socialmente). Él vivía una vida equilibrada.

¿Das la talla en esas áreas? ¿Te aplicas en la escuela y a la hora de terminar tus deberes? ¿Estás comiendo de manera saludable y realizando actividad física regular? ¿Estás pasando tiempo con Dios y creciendo en su relación con Él de manera continua? ¿Cómo van las relaciones con los demás? ¿Emprendes actividades sociales con otras personas o te sientas y esperas a que te llamen? ¿Estás conociendo gente nueva o te quedas estancado en una camarilla?

Cuando examinas cada una de estas cuatro áreas, ¿de qué manera necesitas equilibrar mejor tu vida? ¿Estás priorizando una o dos áreas sobre las demás? ¿Se ha salido alguna de ellas totalmente de tu radar? Toma el área de tu vida que más trabajo necesita y establece algunos objetivos que te ayuden a crecer. Involucra a uno de tus padres o un amigo en ellos de manera que te puedan ayudar a hacerte responsable.

Jesús, sé que tú eras perfecto y es imposible ser como tú en tu adolescencia. Pero ayúdame a seguir tu ejemplo e impulsarme para crecer mental, física, espiritual y socialmente. Amén.

ASUME TUS ACTOS

*Y Dios le dijo: ¿Quién te ha hecho saber que estabas
desnudo? ¿Has comido del árbol del cual te mandé que
no comieras? Y el hombre respondió: La mujer que tú me
diste por compañera me dio del árbol, y yo comí.*
GÉNESIS 3.11-12 LBLA

Dios hizo la tierra, los planetas, el océano, el aire, los animales, el
hombre y la mujer. Adán estaba impresionado. Dios advirtió a la
pareja de que se apartaran de un árbol particular en el huerto. Podían
ir a cualquier lugar, comer todo lo que quisieran y poner nombre a
los animales. Entonces, una serpiente tentó a Eva para que comiera
del árbol prohibido. Una vez que pecó, ella ofreció el fruto a Adán y
este, también, pareció convencerse de que desobedecer a Dios tenía
sentido.

La pareja nunca había pecado hasta ese momento. Ello afectó
a su vestimenta, sus sentimientos y su relación con Dios.

En lugar de renegar del pecado personal, pusieron excusas.
Adán culpó a Eva y esta a la serpiente.

En la vida se producen circunstancias que pueden impedirnos
entender lo que Dios quiere, pero cuando sabemos qué es lo
correcto, ya no tenemos excusa por *hacer* lo incorrecto.

Siempre es momento de asumir tus actos.

*Amado Dios, estoy cansado de poner excusas. Tú debes de
estar cansado de oírlas. En lugar de tratar de excusarme para
evitar el castigo, quizás debería aceptar tu misericordia, gracia
y amor. Esto debería ir seguido por la obediencia. Amén.*

[Jesús dijo]: «No os metáis con los demás, no les ataquéis por sus errores ni critiquéis sus fallos —a no ser, por supuesto, que queráis recibir el mismo trato—. Ese espíritu crítico tiene un efecto boomerang. Es fácil ver una mancha en el rostro de tu prójimo y ser ajeno a la horrible mueca de desprecio en el tuyo. ¿Tienes la osadía de decir: "Déjame lavarte la cara", cuando tu propio rostro está distorsionado por el desprecio? Quita esa horrible mueca del mismo y podrás ser apto para ofrecer un pañuelo a tu prójimo».

MATEO 7.1-5 [TRADUCCIÓN LITERAL DE LA VERSIÓN THE MESSAGE]

El discernimiento iza banderas de advertencia mientras que ser sentencioso da por sentado que sabes lo suficiente acerca de una situación como para poder decir que algo es cierto cuando realmente no tienes ni idea del asunto.

Podemos decidir que queremos ser útiles señalando cada defecto que vemos en alguien. Aunque sintamos que estamos siendo útiles, la realidad es que nos distanciamos de los demás. Dios es su juez. Lo que ellos necesitan es un amigo. Ora por ellos, ámalos y si disciernes que existen problemas a evitar, evítalos.

Mantente a distancia y observa a Dios obrando. Él ya ha hecho eso antes.

Amado Dios, tú nos diste la cura para una actitud sentenciosa. Amar realmente a las personas. Tu amor provee una manera de ayudarme a aceptar a las personas a pesar de sus fallos. Que yo te deje obrar sin dar mi opinión inexperta. Amén.

UN RECHAZO ACEPTADO

Fue despreciado y rechazado: hombre de dolores,
conocedor del dolor más profundo.
ISAÍAS 53.3 NTV

Todas las personas quieren una cosa en la vida. Es simple, realmente. Quieren ser aceptadas. Quieren ser amadas.

Sin embargo, el rechazo trae consigo a sus dos mejores amigos, la tristeza y el pesar. Estos rasgos provocan que nos retraigamos y neguemos a interactuar con los demás porque tememos que el ciclo del rechazo tenga lugar de nuevo, por lo que nos exponemos a la soledad en un esfuerzo por detener el rechazo.

No estamos felices cuando nos rechazan y de alguna manera suponemos que cualquier rechazo es la forma en la que Dios nos dice que no importamos.

Ignoramos todas las evidencias que prueban lo contrario. Dios nos amó tanto que envió a su Hijo a rescatarnos del pecado. Se preocupó tanto por nosotros que abrió un camino para que fuéramos sus amigos. Él vio algo especial en nosotros que le permitió ofrecer una esperanza para nuestro futuro. Dios no nos rechaza. Él nos ama. Nos acepta. Somos su familia.

Amado Dios, tú siempre me has aceptado. Nunca me impides
que venga a ti. Simplemente esperaste que yo recobrara el
sentido común y fuera lo suficientemente sabio como para
aceptarte abiertamente. Gracias por ser paciente. Amén.

LA VOZ INDESEADA DE UN LADRÓN

El ladrón no viene más que a robar, matar y destruir; yo he
venido para que tengan vida, y la tengan en abundancia.
JUAN 10.10 NVI

¿Piensas que eres valioso para todos los demás? Todos tenemos
en nuestro interior una semilla de inseguridad que crece y da fruto
cuando no queremos que lo haga. Es como una voz que te susurra:
«Oye, sigues sin ser suficientemente bueno». Esta voz es el ladrón
que quiere destruir nuestra vida. Nuestro enemigo no quiere lo que
es bueno para nosotros. Él puede tentarnos con pequeños cambios
en nuestro pensamiento o tratar de convencernos de que no valemos
nada.

Debemos estar dispuestos a reconocer que tenemos inseguridad
en nuestro pensamiento, pero total seguridad en el amor y la gracia
de Dios.

Dios vino para traernos una vida plena. Vino preparado para
bendecirnos con toda clase de bendiciones espirituales. Encontramos
toda la seguridad que necesitamos en el hecho de ser sus hijos.
Todos nuestros fallos significan muy poco en comparación con
conocer a Dios y aceptar la seguridad de su amor.

Amado Dios, tus palabras dicen que tú me creaste, me amaste
y tienes un futuro para mí. Tú —el Dios que lo creó todo— me
has aceptado. Ayúdame a vivir en el gozo de tu aceptación.
Ayúdame a progresar en la esperanza de tus promesas. Amén.

*Den gracias a Dios en toda situación, porque esta
es su voluntad para ustedes en Cristo Jesús.*
1 Tesalonicenses 5.18 nvi

◇◇

Cuando eres pequeño, tus padres te empujan a menudo a decir lo correcto con frases como: «¿Qué se dice?» o «Qué bonito, ¿no?», cuando alguien te regale algo o haga una cosa inesperada.

En esa situación, es posible que te escondas detrás de tu madre o que des las gracias entre dientes sin entender realmente la gratitud.

No siempre nos sentimos agradecidos hasta que nos damos cuenta de la consideración que conlleva cada regalo.

Dios quiere que la gratitud sea un regalo que demos en toda ocasión. Cuando alguien muestra hospitalidad, sostiene una puerta u ofrece un vaso de agua fría en un día caluroso, el mejor regalo que podemos ofrecer es el agradecimiento.

Aunque no sintamos que las cosas vayan como queremos, debemos mostrar gratitud porque todo podría ir siempre a peor.

Cuando manifestamos gratitud, reconocemos el valor de los demás, rechazamos el egoísmo personal e inspiramos el crecimiento en las relaciones.

Había una razón por la que tus padres te pedían que dieras las *gracias*. Al entender que la gratitud es algo que das a los demás, puedes empezar a ver cuántos regalos de gratitud debes ofrecer.

*Amado Dios, tú me rescataste y estoy agradecido. Tú
me ofreciste amistad. Tú me diste paz, misericordia,
perdón y amor. Tú has provisto personas que comparten
conmigo y me estás dando oportunidades diarias de
mostrar gratitud a quienes dan. Gracias. Amén.*

DESTRUIDO POR LA ENVIDIA

La furia nos hace explotar y la ira nos inunda,
pero ¿quién puede sobrevivir a la envidia?
PROVERBIOS 27.4 [TRADUCCIÓN LITERAL DE LA VERSIÓN THE MESSAGE]

La furia es visible y violenta, la ira es la furia en acción y la envidia es más peligrosa que ambas.

La envidia es furia e ira mezcladas con codicia, problemas de control y un poco de ambición egoísta para mantenerla centrada en lo que más desea.

La envidia lleva a las personas a herir físicamente e incluso matar a otros. Nunca está satisfecha si alguien tiene lo que ella quiere. La envidia es ciega, atrevida y amarga. Tiene dificultades para ver el fin lógico de su ira.

La envidia pasa el rato con el odio y trama cosas contra las que Dios advierte repetidamente. Ambos portan una armadura que resiste la bondad y el amor y castigarán a quienes ofrezcan estos dones.

La envidia es un monstruo que no soporta la sabiduría, no prestará atención a las advertencias y tiene una memoria defectuosa.

«Pues, donde hay envidias y ambiciones egoístas, también habrá desorden y toda clase de maldad» (Stg 3.16 NTV).

¿Qué mantendrá la envidia siempre fuera de su círculo de amistades? La satisfacción, la paz, la confianza, el perdón y el amor. Ella no puede recibir a estos invitados sin reconsiderar su existencia.

Amado Dios, estoy en guerra en mi corazón cuando se trata
de seguirte. Puedo confiar en que tú me mostrarás el camino
para superar los sentimientos de envidia o el hecho de que
me guíe un enemigo que quiere destruirme. Ayúdame a dejar
a un lado la envidia de manera que pueda oírte. Amén.

En cambio, dejen que el Espíritu les renueve los pensamientos y las actitudes. Pónganse la nueva naturaleza, creada para ser a la semejanza de Dios, quien es verdaderamente justo y santo.
EFESIOS 4.23-24 NTV

Tu pasado solo debería ser un potente recordatorio de quién eras y no una declaración acerca de quién eres ahora. Si a todos nosotros se nos juzgara únicamente por nuestro pasado sería fácil creer que nunca puede acontecernos nada bueno.

Jesús vino para cambiar lo que hemos sido por aquello en lo que nos convertiremos. Él vino para redefinir nuestra entrada en el diccionario de la vida. Jesús sabe que lo que llegaremos a ser es mucho más que lo que una vez fuimos.

El problema es que nos aferramos con fuerza a nuestro pasado. Quizás pensemos que dejaremos pasar algo si no lo hacemos. Nuestro pasado es familiar. Como una camiseta favorita pero ya inútil, debemos despojarnos de un pasado andrajoso y abrazar el plan de Dios para hoy, mañana y los días posteriores por siempre.

Amado Dios, ayúdame a recordar que mi pasado no era perfecto. Ayúdame a creer que mis decisiones presentes son críticas para el futuro que tú has planeado para mí. Recuérdame que cuando te siga tú nunca dejaras pasar nada que sea realmente importante. Amén.

Pero ahora es el momento de eliminar el enojo, la furia, el comportamiento malicioso, la calumnia y el lenguaje sucio.
COLOSENSES 3.8 NTV

Nuestras palabras tienen impacto. ¿Recuerdas el viejo dicho sobre los palos y las piedras? Estos pueden herir a una persona, pero las palabras nunca lo hacen. Quizás sea fácil de decir, pero resulta difícil de creer. Porque todos nos hemos enfrentado a la inseguridad; las palabras que otros dicen sobre nosotros impactan en nuestras emociones y corazón de una forma en la que una bofetada en la cara no puede hacerlo.

Algunos creen que lo que decimos y cómo lo decimos es menos importante que permitir que otros vean a Jesús en nuestra vida. Cuando dejamos que salga de nuestra boca una sarta de obscenidades tan fuertes que pueden derretir la pantalla de nuestro celular, provocamos que las personas crean que lo que decimos y hacemos no encaja con lo que afirmamos ser.

Como representamos a Jesús, nuestras palabras deben sonar diferente de lo esperado. En lugar de la crítica hablamos el lenguaje de la exhortación. En lugar de obscenidades pronunciamos bendición. En lugar de cotillear hablamos de amor.

Si hacemos eso, expresaremos palabras que los demás querrán oír.

Amado Dios, cuando mis palabras se forman en la ira, la furia, una conducta maliciosa y la difamación, estarán tan influenciadas por las emociones que no darán lugar a pensamientos que te representen. Mis palabras pueden borrar o confundir el mejor mensaje que nunca compartiré. Amén.

Por lo tanto, amados hermanos, les ruego que entreguen su cuerpo a Dios por todo lo que Él ha hecho a favor de ustedes. Que sea un sacrificio vivo y santo, la clase de sacrificio que a Él le agrada. Esa es la verdadera forma de adorarlo.
ROMANOS 12.1 NTV

Dios te da un asombroso número de opciones. Puedes seguir sus mandatos o rechazarlos. Cuando decides hacer esto último, tu elección puede manifestarse de maneras embarazosas.

Tu boca puede bendecir o maldecir. Tus manos pueden fomentar la paz o la guerra. Tus pies pueden seguir a Dios o huir de Él. Tu cuerpo puede ser un regalo aceptable que Dios puede usar como Él quiera o un experimento personal que puede dañar tu cuerpo y testimonio. Esto se aplica a lo que bebemos, comemos, tocamos, olemos y miramos. También a lo que introducimos en nuestro cuerpo sin preocuparnos de sus efectos sobre nuestro pensamiento o acciones.

La Biblia declara que adoramos a Dios cuando dedicamos nuestro cuerpo a las cosas que Él quiere para nosotros. Sus mandatos buscan nuestra seguridad y beneficio, pero su finalidad es también que, en nuestra obediencia, otros puedan ver a Dios por primera vez.

Amado Dios, como tú me has dado a elegir, ayúdame a entender cómo puedo agradarte con mi cuerpo. Que yo nunca permita que nada se interponga entre mí y la honra de tu nombre. Ayúdame a evitar esas cosas que me llevan por cualquier camino que no te incluye a ti. Amén.

*Porque tú formaste mis entrañas; me hiciste en el seno de mi
madre. Te alabaré, porque asombrosa y maravillosamente he sido
hecho; maravillosas son tus obras, y mi alma lo sabe muy bien.*
SALMOS 139.13-14 LBLA

Antes de ser cantante, atleta, autoproclamado experto informático,
estudiante, poeta, artista, hijo o hermano eras una creación de Dios.
Él te dotó de habilidades, intereses y potencial. Él creó tus «entrañas»,
la parte de ti habitualmente descrita como corazón, mente y alma.

Quizás nunca hayas invertido suficiente tiempo en descubrir
para qué fuiste formado, razón por la cual te comparas con los
demás y piensas que no eres lo bastante bueno.

Has olvidado quién te edificó. Dios creó un sentido de
importancia en tu interior que no debería inspirar soberbia, sino
gratitud. Dios te dio talento, voz, anhelo y amor. Él es el único
cualificado para entenderte y satisfacer tu alma. Y aunque tu cuerpo
sea imperfecto, tu corazón, mente y alma están conectados con la
eternidad. Esa es la razón por la que Dios invirtió tanto tiempo en
asegurarse de que pudieran convertirse justo en lo que Él planeó
para ti.

*Amado Dios, nadie es exactamente como yo. Tú me hiciste
original. La única manera de que yo me realice verdaderamente
es saber que tú me creaste y que sigues esperando que me ponga
al día con tu propósito. Ayúdame a buscar tu plan. Amén.*

CLIQUEOS DE RATÓN ABUSIVOS

Hay quienes parecen amigos pero se destruyen unos a otros;
el amigo verdadero se mantiene más leal que un hermano.
PROVERBIOS 18.24 NTV

¿Te has dado cuenta alguna vez de cuánto drama existe en las redes sociales? Aparecen comentarios negativos en las fotografías. Se critican los posts. El sarcasmo fluye como el río Mississippi desbordado. Cierras sesión en tu computadora con la sensación de que has presenciado un crimen violento. Quizás hayas participado en él.

Muchos adoptan una personalidad diferente a la suya cuando postean en internet. Escriben cosas hirientes que nunca tendrían la valentía de decir en persona.

Las redes sociales no son mejores ni peores que la televisión, los videojuegos o los teléfonos inteligentes. Sin embargo, muchas personas están más que dispuestas a continuar con la difusión de una mala conducta online.

Todos hemos visto a los «amigos» que se destruyen entre sí. En su lugar, sé un amigo más cercano que un hermano. Decide antes de conectarte en qué participarás, qué aceptarás, por qué cosas pasarás de largo y de qué te reirás.

No tengas miedo de apartarte de ello durante un tiempo. Pide ayuda a tu familia si existe un problema que no sepas cómo gestionar. Pasa tiempo con Dios. Él siempre está dispuesto a interactuar contigo, incluso cuando se vaya la electricidad.

Amado Dios, ayúdame a saber cuándo aislarme de las redes sociales. Que estas nunca sean más importantes para mí de lo que tú lo eres. No quiero ser quien hiera a otras personas con las palabras que empleo en internet. Ayúdame a recordar que todo lo que posteo es un reflejo de mi relación contigo. Amén.

*Y se nos instruye a que nos apartemos de la vida mundana
y de los placeres pecaminosos. En este mundo maligno,
debemos vivir con sabiduría, justicia y devoción a Dios.*
TITO 2.12 NTV

Flirtear se considera habitualmente una forma de permitir que alguien del sexo opuesto sepa que te gusta. La palabra raíz de *flirtear* puede definirse como «sin significado». Quizás la razón de ello es que flirtear raramente lleva a relaciones saludables de larga duración.

A menudo se piensa que las chicas que flirtean carecen de virtud. Cuando los chicos lo hacen indican frecuentemente que no tienen un interés real en una relación duradera. Solo quieren pasar tiempo con chicas.

La Biblia llama a este ciclo vida mundana y placeres pecaminosos. Dios quiere que nos apartemos de esta senda. El egoísmo es el núcleo del flirteo. Quien flirtea está buscando sus propios intereses y a menudo le preocupa poco la persona objeto de su flirteo.

Filipenses 2.3 dice: «No sean egoístas; no traten de impresionar a nadie» (NTV). ¿No te suena esto a algo parecido al flirteo?

Flirtear también puede llevarte a tener pensamientos que no tendrías habitualmente y provocar que caigas en la lujuria. Puede indicar que tienes interés en una relación física que siempre debe reservarse para el matrimonio.

*Amado Dios, flirtear no muestra a los demás que yo quiero honrarte.
No muestra que yo amo realmente a los demás de la manera
que tú lo haces. Ayúdame a honrarte en cada relación. Amén.*

*Sin embargo, Daniel estaba decidido a no contaminarse con la
comida y el vino dados por el rey. Le pidió permiso al jefe del
Estado Mayor para no comer esos alimentos inaceptables.*
DANIEL 1.8 NTV

Cuando Babilonia conquistó Jerusalén, Daniel se vio esclavo en un
país extranjero. Repentinamente fuera de su zona de confort religiosa,
tomó una decisión. Se propuso no permitir que la cultura que lo
rodeaba definiera lo que era aceptable para él. Eso significaba
aferrarse a sus creencias y encontrar soluciones creativas para evitar
las prácticas culturales. En lugar de aceptar su ración de comida
asignada, pidió permiso para ingerir únicamente verduras y beber
agua en lugar de consumir carne inmunda y vino (ver Daniel 1.11-
14).

Seguir a Jesús siempre significará vivir de manera diferente
que el mundo que nos rodea. Este no define, ni debe hacerlo,
nuestros estándares y límites. Solo Jesús debe ser nuestro guía. ¿Qué
presiones sientes de la gente? ¿Qué decisiones necesitas tomar en
tu corazón? ¿Cómo puedes mantenerte firme creativamente sin ser
descortés u odioso?

*Señor, en ocasiones es muy difícil ser diferente. Resulta mucho
más fácil ir a favor de corriente en lugar de ponerme en
evidencia. Pero yo sé que tú quieres que yo haga lo correcto,
independientemente de lo que piensen los demás. Ayúdame
a mantenerme firme y seguirte, pase lo que pase. Amén.*

DEBERES

*Estudia constantemente este libro de instrucción. Medita en él de día
y de noche para asegurarte de obedecer todo lo que allí está escrito.
Solamente entonces prosperarás y te irá bien en todo lo que hagas.*
JOSUÉ 1.8 NTV

Los deberes... ¡Uf! Qué tedioso, especialmente cuando puedes pasar
el rato haciendo actividades más divertidas. Sin duda, podría ser que
disfrutes haciendo los deberes de matemáticas o inglés, si estas son
tus asignaturas favoritas. A nadie le gusta hacer deberes de *todas*
las materias. No obstante, te obliga a cumplir con esta obligación
porque si no lo haces no apruebas. Y si no apruebas... tienes que
repetir curso. ¡Nadie quiere quedarse estancado en el mismo curso en
lugar de avanzar!

Nuestra vida espiritual es muy parecida. Si quieres prosperar
y tener éxito, tienes que ponerte manos a la obra. Cuando estudies
la Palabra de Dios, pases tiempo hablando con Él y te esfuerces
para obedecer lo que Él quiere que hagas, avanzarás hacia una
relación más profunda y plena con Él. Pero si descuidas tu vida
espiritual para pasar tu tiempo en cosas más divertidas, te quedarás
estancado donde estás.

¿Parece un poco deficiente tu relación con Dios? ¡Aplícate, haz
los deberes espirituales y observa adónde te lleva eso!

*Señor, ayúdame a estudiar continuamente tu Palabra y
obedecerte de manera que yo pueda seguir creciendo y
no quedarme estancado donde estoy ahora. Amén.*

El trabajo trae ganancias, ¡pero el solo hablar lleva a la pobreza!
PROVERBIOS 14.23 NTV

Detrás de las ocupaciones de tus padres hay una historia acerca de cómo llegaron a sus trabajos. Quizás tuvieran éxito con su antiguo empleador y eso les permitió acceder a un trabajo mejor. Quizás el trabajo que tienen es el único que han conocido. Quizás la economía les ha obligado a probar algo nuevo.

Tu currículo también tendrá su propia historia. Esta comienza sabiendo que el trabajo es importante. No solo porque ganes algo de dinero, sino también porque puede ayudar a pulirte hasta llegar a ser una persona con una ética de trabajo que honre a quien te emplea, haga más de lo que se le exige y dé razones para que se confíe en ella.

Cuando estés buscando trabajo, nunca des por superada una entrevista. El potencial empleador no está allí por ti; tú lo estás por él. Sé puntual, viste apropiadamente, invierte tiempo en rellenar la solicitud, plantea preguntas, respeta al entrevistador, escucha atentamente y representa a Jesús, Aquel a quien realmente sirves.

Dios quiere que trabajemos para nuestro beneficio y que llevemos su amor más allá de los límites de nuestro entorno familiar. El trabajo no es toda nuestra historia, pero si una parte de ella.

Amado Dios, ayúdame a respetar a los potenciales empleadores. Si consigo un trabajo, ayúdame a dar lo mejor de mí. Entiendo que vaya adonde vaya soy tu representante. Que yo nunca dé a un empleador una razón para creer que los cristianos son malos empleados. Amén.

Guardaos, no sea que arrastrados por el error de los inicuos,
caigáis de vuestra firmeza. Antes bien, creced en la gracia
y el conocimiento de nuestro Señor y Salvador Jesucristo.
2 PEDRO 3.17-18 RVR1960

Confiar en las emociones para determinar la verdad es peligroso. En ocasiones, personas muy agradables pueden convencerte de que creas algo que no es cierto simplemente porque su amistad significa mucho para ti.

Nuestro enemigo, Satanás, actúa de la misma manera. Él puede hacer que las cosas parezcan realmente impresionantes. Podemos sentirnos tentados a creer una mentira cuando nuestras emociones nos convencen de que estamos viendo la verdad.

Una afirmación que llevamos oyendo muchos años es: «¿Cómo podría ser incorrecto cuando *parece* tan correcto?». A Dios le importan menos tus sensaciones y más tu obediencia.

Los problemas que apelan a nuestras emociones nos inundan. Puede resultar muy fácil ignorar el sentido común a favor de creencias que la Palabra de Dios nunca puede apoyar.

Dios quiere estabilidad en nuestra vida. Si afrontamos los problemas con la única guía de las emociones, el hecho de encontrarnos en el camino equivocado no debería de sorprendernos.

Amado Dios, tú quieres que yo gestione mis emociones para
que no sea inestable en las cosas que acepto como verdad.
Siempre que necesite conocer la verdad, ayúdame a buscar en
tu Palabra independientemente de cómo me sienta. Amén.

Y creó Dios al hombre a su imagen, a imagen de
Dios lo creó; varón y hembra los creó.
GÉNESIS 1.27 RVR1960

Dios creó al primer hombre. Cuando vio que no era bueno para este no tener compañía, creó a la primera mujer. Ambos fueron diseñados para complementarse entre sí en todas las cosas y fue bueno.

En algún momento crecerás, dejarás tu hogar y te enamorarás. Si eres obediente, te reservarás para el matrimonio. Dios te llama a la pureza sexual para la unión física de marido y mujer.

El sexo ocasional se queda con algo destinado a tu futura esposa y lo da a otra o muchas.

Los tocamientos inapropiados provocan que tu mente albergue pensamientos sexuales que deberían reservarse para el matrimonio.

El diseño de Dios para el matrimonio es un hombre y una mujer que han salvaguardado su sexualidad para entregársela mutuamente en la noche de bodas (ver 1 Corintios 6.18).

El sexo es una buena idea creada por Dios. Es un regalo para el disfrute de los casados. También es algo que permite el nacimiento de niños en una familia.

Esperar es necesario para que puedas disfrutar del mejor plan de Dios para ti.

Amado Dios, ayúdame a aceptar que existen cosas que yo no debería entender completamente acerca del sexo hasta que me case. Ayúdame a aceptar que el misterio merece la espera. Ayúdame a confiar en que tu plan para mí es increíble. Amén.

NO LLEVES EQUIPAJE ESPIRITUAL

Durante toda vuestra vida habéis permitido que el pecado os diga lo que hacer. ¡Pero gracias a Dios habéis empezado a escuchar a un nuevo maestro, uno cuyos mandatos te liberan para vivir abiertamente en su libertad!
ROMANOS 6.17-18 [TRADUCCIÓN LITERAL DE LA VERSIÓN THE MESSAGE]

Los hábitos traen libertad o esclavitud, vida o muerte, satisfacción o descontento. Algunos hábitos pueden comenzar pronto y durar toda una vida. Otros pueden ser consecuencia de la presión devastadora de los demás.

Algunas personas no tienen interés en ayudarte a cumplir el plan de Dios. Si saben que quieres seguir a Dios, pueden considerar un logro verte tropezar. Una vez que faltes a tu palabra a Dios, puede resultar difícil volver. Él perdona, pero quiere que te apartes del pecado. Es difícil ver a Dios cuando te avergüenza demasiado mirar en su dirección.

Los hábitos se forman cuando te niegas a admitir que estás haciendo lo incorrecto. Este equipaje espiritual es más duro de acarrear cada día que pasa.

Amado Dios, por muchas veces que yerre, ayúdame a volverme a ti inmediatamente. Puede parecer que no estoy avanzando, pero incluso un movimiento lento en tu dirección es mejor que jugar al escondite. Ayúdame a buscarte inmediatamente cuando tome malas decisiones. Amén.

Acuérdate de tu Creador en los días de tu juventud,
antes que lleguen los días malos y vengan los años en
que digas: «No encuentro en ellos placer alguno».
ECLESIASTÉS 12.1 NVI

Los años de la adolescencia son prometedores. Estás impaciente por conducir y tener tu propio coche. Miras hacia tu futuro con entusiasmo y te imaginas la aventura e independencia de la universidad. ¡Tu futuro es un lienzo en blanco y puedes ser o hacer todo lo que quieras!

La mayoría de los adolescentes *no* son conscientes de cómo pueden afectar drásticamente a su futuro las decisiones que toman ahora. Una simple elección en este momento puede tener consecuencias que nunca habrías imaginado para el resto de tu vida. Pregunta a una madre adolescente cuán brillante parece su futuro. O a un alumno de secundaria que condujo en estado de embriaguez y mató a una persona en un accidente de coche. Muchos adolescentes y estudiantes universitarios que viven la vida loca en su juventud se arrepienten de ello cuando son mayores.

Pero si recuerdas a tu Creador y te mantienes comprometido con Él ahora, estás colocándote en la rampa del éxito; ¡tanto ahora como más adelante!. En lugar de mirar atrás con remordimientos y sintiendo que has malgastado partes de tu vida, puedes hacerlo con paz y felicidad y sentirte abundantemente bendecido por todo lo que el Señor te ha dado.

La decisión es tuya, y empieza ahora.

Dios, ayúdame a tomar decisiones sabias de forma que no tenga remordimientos cuando sea mayor. Quiero estar comprometido contigo y no aventurarme en los vacíos placeres del mundo. Amén.

Y los bendijo Dios y les dijo: Sed fecundos y multiplicaos,
y llenad la tierra y sojuzgadla; ejerced dominio sobre
los peces del mar, sobre las aves del cielo y sobre
todo ser viviente que se mueve sobre la tierra.
GÉNESIS 1.28 LBLA

Dios permitió que el primer hombre, Adán, supiera lo que hacer. La familia era importante como también lo era el trabajo duro.

Cuando las personas disponen de mucho tiempo libre hacen a menudo cosas de las que se arrepienten. El trabajo facilita el mantenerse alejado de los problemas.

En la década de 1880, las autoridades de Greenburg, Kansas, contrataban a una docena de hombres cada día para cavar un enorme pozo de agua. Los empleados ganaban 50 centavos por la jornada. La oferta de trabajo estaba abierta a vaqueros, granjeros y gente de paso. Actualmente, el pozo es un museo y los visitantes pueden descender por una escalera en espiral hasta el pozo de 109 pies de profundidad cavado a mano.

El Gran Pozo es solo un ejemplo del duro trabajo que mantuvo a esos hombres lejos de problemas y ayudó a proveer para sus familias. El trabajo duro fue una de las primeras cosas que Dios ordenó hacer a la humanidad. Él no ha cambiado de opinión.

Amado Dios, tú quieres que yo trabaje duro. El trabajo que
yo lleve a cabo puede producirme satisfacción, pero puede
honrarte. Dame la paciencia y resistencia necesarias para
realizar cualquier trabajo que tú pongas en mi camino. Amén.

Las tentaciones que enfrentan en su vida no son distintas de las que otros atraviesan. Y Dios es fiel; no permitirá que la tentación sea mayor de lo que puedan soportar. Cuando sean tentados, Él les mostrará una salida, para que puedan resistir.
1 CORINTIOS 10.13 NTV

Existe una gran diferencia entre tentación y pruebas. Muchas personas piensan que son la misma cosa. La primera te permite elegir, pero ambas te dan una oportunidad de confiar profundamente en Dios.

Nuestro enemigo, Satanás, emplea las tentaciones para tratar de convencernos de que realmente no tenemos que seguir las instrucciones de Dios. Él quiere que caigamos. Cuando lo hacemos, se apresura a indicar que Dios nunca podría amar a quien peca. Está mintiendo.

Las pruebas son luchas que parecen demasiado duras como para poder manejarlas. Podría ser la pérdida de un trabajo o del hogar. Podría ser un problema de salud incurable.

La Palabra de Dios dice que Él nos da todo lo necesario para resistir la tentación. Resistimos siguiendo sus instrucciones.

Eso mismo no se ha prometido nunca en el caso de las pruebas. Así que la próxima vez que oigas que Dios no te da nada que no puedas manejar, recuerda que en realidad sí lo hace. En ocasiones, el único que puede rescatarnos de las pruebas a las que nos enfrentamos es Dios. Si pudiéramos hacerlo nosotros mismos, no lo necesitaríamos.

Amado Dios, tú me has equipado para resistir la tentación. Tú puedes rescatarme de las pruebas más difíciles que me sobrevengan. Tú me has dado dones que no pueden comprarse. Debes de amarme realmente. Gracias. Amén.

Destruimos argumentos y toda altivez que se levanta contra el
conocimiento de Dios, y llevamos cautivo todo pensamiento
para que se someta a Cristo. Y estamos dispuestos a
castigar cualquier acto de desobediencia una vez que yo
pueda contar con la completa obediencia de ustedes.
2 Corintios 10.5-6 NVI

¿Puedes explicar a los demás la razón por la que sigues a Dios? Si alguien te hace una pregunta acerca de tu fe, ¿podrías responder?

Existen muchas ideas confusas ahí fuera y nadie parece dispuesto a afirmar que haya una verdad absoluta. La mayoría de las personas expresarán algo así: "No puedes decirme qué creer". Es cierto, no puedes. Sin embargo, que no crean nada no cambia el hecho de que Jesús declarara: "Yo el camino, y la verdad, y la vida; nadie viene al Padre, sino por mí" (Juan 14.6 RVR1960).

Amado Dios, tú quieres que yo discierna si lo que oigo es
cierto cuando lo comparo con la Biblia o si es algo que
debo abandonar con una advertencia a otras personas.
Ayúdame a escuchar a los demás, compartir lo que sé
y cotejar sus declaraciones con tu Palabra. Amén.

¿Hasta cuándo tendré que luchar con angustia en mi alma,
con tristeza en mi corazón día tras día?
SALMOS 13.2 NTV

No existen muchas cosas que sientan peor que estar solo. No me refiero a pasar tiempo haciendo algo en solitario, sino la clase de soledad en la que crees que importas tan poco a los demás que ni siquiera piensan en ti. Este es el tipo de soledad que, además de dar lugar a pensamientos negativos, rechaza la esperanza.

El libro de los Salmos presenta momentos de adoración brillantes, pero también situaciones dolorosas en las que el escritor se siente rechazado y completamente solo.

Estos versículos de la Palabra de Dios son intencionados. Tenemos un asiento de primera fila para presenciar un dolor increíble. El escritor habla de enemigos, contratiempos y profunda soledad. Una frase que aparece a lo largo de los Salmos es: «¿Hasta cuándo?». El escritor siente que el dolor nunca acabará. Quiere tener esperanza, pero esta es escasa.

Existen personas que pueden pensar que la muerte es una buena manera de acabar con la soledad. Si este pensamiento te pasa alguna vez por la mente, recuerda que cuando un salmo comienza con «¿Hasta cuándo?», continúa señalando la esperanza encontrada en el Dios que puede responder a esa pregunta.

Amado Dios, nunca me enfrento a las luchas solo. Tú eres mi compañero. Tú conoces el camino para atravesar y salir de la soledad que siento. El suicidio es una decisión de larga duración para algo que suele ser una crisis breve. Cuando necesite ayuda, permíteme encontrarla. Cuando necesite esperanza, permíteme mirar siempre hacia ti. Amén.

*Las personas mezquinas difunden chismorreos
mezquinos; sus palabras duelen y queman.*
Proverbios 16.27 [traducción literal de la versión The Message]

No se requiere mucho esfuerzo para decir algo sobre alguien de lo
que no tienes pruebas de su certeza. Podrías inventártelo tú o contar a
otros algo que oíste.

Si quisieras saber cómo se inventaron las bombillas, podrías
inventarte una historia o preguntar por ahí y recibir una respuesta
quizás cierta. Aquí tienes una idea creativa. ¿Por qué no acudir
a una fuente cualificada para obtener tu información? Parecerías
un poco raro si contaras a la gente que un chico llamado Jimmy
descubrió la bombilla levitando sobre él cuando tuvo su primera
buena idea.

Si eso suena ridículo, también lo hace el chismorreo, y Dios nos
dice que no caigamos en él.

Chismorrear es pecado, y a ojos de Dios no es un pecado
menor que mentir, estafar, robar o matar.

Aunque el único pecado que hubiéramos cometido nunca fuera
el chismorreo, seguiríamos necesitando el sacrificio perfecto de
Jesús para pagar el precio. Todo pecado es un asunto importante.
El perdón de Dios lo es aún más. La obediencia es nuestra mejor
respuesta.

*Amado Dios, hay muchas cosas de las que debo evitar hablar.
Cuando comparto historias sin que me hayan dado permiso para
hacerlo, acerca de alguien que nunca la ha compartido realmente
conmigo, básicamente estoy encontrando una oportunidad de
señalar las faltas de otra persona sin tener ni idea de si lo que estoy
diciendo es cierto. Ayúdame a acabar con el chismorreo. Amén.*

*Debes comprometerte con todo tu ser a cumplir cada uno
de estos mandatos que hoy te entrego. Repíteselos a tus hijos
una y otra vez. Habla de ellos en tus conversaciones cuando
estés en tu casa y cuando vayas por el camino, cuando te
acuestes y cuando te levantes. Átalos a tus manos y llévalos
sobre la frente como un recordatorio. Escríbelos en los marcos
de la entrada de tu casa y sobre las puertas de la ciudad.*
DEUTERONOMIO 6.6-9 NTV

Soy un gran admirador de las notas adhesivas. Si necesito un
recordatorio sobre algo importante, lo apunto en una nota y la pego
donde la vea, en el cuarto de baño, la nevera, al lado de mi cama,
en el volante del coche o incluso en la cafetera. Estoy literalmente
rodeado de notas adhesivas.

Los recordatorios visibles son magníficas herramientas que nos
ayudan a mantenernos centrados en lo importante. Esta es la razón
por la que Dios ordenó a los israelitas que guardaran sus mandatos
colocando los mismos en lugares que vieran con frecuencia. Puedes
hacer lo mismo escribiendo versículos de las Escrituras en notas y
dejándolas en tu taquilla, alrededor de tu espejo, en la pared de tu
dormitorio o incluso al lado del retrete (un gran momento para tener
un pequeño tiempo de oración o meditación). ¡Así que toma algunas
notas y empieza hoy!

*Padre, estoy tan agradecido por tu Palabra y toda la
guía, ánimo y alivio que ella me provee. Cuando ponga
las Escrituras en lugares visibles a mi alrededor, ayúdame
a sentir tu presencia durante todo el día. Amén.*

*Pero entre ustedes será diferente. El que quiera ser líder
entre ustedes deberá ser sirviente, y el que quiera ser el
primero entre ustedes deberá convertirse en esclavo. Pues ni
aun el Hijo del Hombre vino para que le sirvan, sino para
servir a otros y para dar su vida en rescate por muchos.*
MATEO 20.26-28 NTV

Ser jefe implica algo más que ser un mandón. Cuando los cristianos
lideran, debería ser diferente. Lideramos con el ejemplo, lo cual
significa que lo hacemos con un corazón dispuesto a mostrar cómo es
un trabajo bien hecho. Lideramos con una actitud de servicio.

Si piensas que eso parece injusto, considera estas palabras:
«Ni aun el Hijo del Hombre vino para que le sirvan, sino para servir
a otros». Él es nuestro ejemplo. Existe otra razón por la que Él vino
como siervo-líder. Su misión era la de rescatar a muchos siendo un
siervo de todos. Por eso Jesús es el Salvador perfecto.

*Amado Dios, la vida como seguidor de Jesús es muy diferente
de lo que yo estaba acostumbrado a ver. Para tener, debo
dar; y para liderar, debo servir. Ayúdame a entender que
siempre necesito mirar el ejemplo de tu Hijo, Jesús, para ver
que servir es el primer paso hacia el liderazgo. Amén.*

RETIRAR UN CORAZÓN REBELDE

Un ojo que desdeña a un padre y desprecia a una madre —ese ojo será sacado por buitres salvajes y comido por jóvenes águilas—.
PROVERBIOS 30.17 [TRADUCCIÓN LITERAL DE LA VERSIÓN THE MESSAGE]

En ocasiones, Dios enseña lecciones mediante descripciones visuales. El versículo de hoy ofrece una mirada al resultado final de la rebelión. Lo que vemos indica que Dios se toma muy en serio la rebelión.

Uno de los problemas con la rebelión es que nunca parece detenerse con el pecado de rebelión, el cual puede coexistir fácilmente con la deshonra, la ira, la ambición egoísta, la soberbia y la impaciencia.

Dios nos ha dado nuestra familia para ayudarnos a aprender a tomar buenas decisiones. Cuando insistimos en ser rebeldes en lugar de obedientes, nuestros padres pueden perder el interés de guiarnos. Deja de escuchar y puede que tu familia deje de hablar. La noticia triste es que tú siempre terminarás perdiendo cuando la rebelión se convierta en tu respuesta habitual.

La rebelión siempre lleva a tener remordimientos. Admite el pecado, acepta el perdón de Dios, discúlpate por tus palabras y acciones y encuentra un lugar para retirar tanto un corazón rebelde como la lista de remordimientos que siempre están preparados para acusar.

Amado Dios, ayúdame a estar dispuesto a admitir que debo pedirte ayuda cuando siento que me estoy rebelando. No quiero vivir con remordimientos y por eso te pido que me ayudes a honrar a quienes tú me dices que honre. Que yo resista a la rebelión contra mi familia. Que yo me niegue a rebelarme contra ti. Amén.

EL CORAZÓN TERCO, DE PIEDRA

*Les daré un corazón nuevo y pondré un espíritu nuevo
dentro de ustedes. Les quitaré ese terco corazón de
piedra y les daré un corazón tierno y receptivo.*
EZEQUIEL 36.26 NTV

Trabaja con una pala y las manos se te pondrán duras y ásperas.
Toca la guitarra y tus dedos desarrollarán una capa de piel más
gruesa para que no te duelan cuando tocas. Esta es una imagen de lo
que es vivir con continuas decisiones pecaminosas.

Cuando pecas durante mucho tiempo, tu corazón desarrolla
una cubierta más gruesa, que le hace perder gradualmente el interés
en el plan de Dios. Imagina cómo estará ese corazón espiritual
después de muchos años. Las cicatrices se hacen evidentes junto
con trozos oscuros y endurecidos en los que el pecado ha golpeado
repetidamente a los principios y la esperanza. Este es el tipo de
corazón del que Dios está hablando.

Este es el corazón terco de piedra que Dios puede sustituir
por otro tierno y sensible. Es cierto. Dios ofrece un reemplazo del
corazón espiritual. Esto ocurre cuando aceptamos a Jesús, pero el
potencial de un corazón recién endurecido es algo a lo que todo
cristiano se enfrenta.

Quizás entiendas cómo es un corazón endurecido. Quizás sea
el momento de algo nuevo.

*Amado Dios, quiero responderte de la manera correcta.
Algunos días no estoy seguro de poder hacerlo. Un
corazón endurecido dificulta el tomarse cualquier cosa
en serio. ¿Es el momento de darme un nuevo corazón?
Quiero ser receptivo y necesito tu ayuda. Amén.*

*Toda parte de las Escrituras es inspirada por Dios y útil de una
manera u otra —nos muestra la verdad, deja al descubierto
nuestra rebelión, corrige nuestros errores, nos entrena para vivir
como Dios quiere—. Por medio de la Palabra somos juntados
y formados para las tareas que Dios tiene para nosotros.*
2 TIMOTEO 3.16-17 [TRADUCCIÓN LITERAL DE LA VERSIÓN THE MESSAGE]

Cuando afirmamos que la Biblia es *infalible*, significa que no contiene
errores. Dios inspiró al hombre a lo largo de muchos siglos y lugares
para escribir sus palabras. La Biblia no se escribió en una única
lengua o por medio de una sola persona. Es un libro de historia que
se ha empleado para localizar importantes objetos antiguos. Es un
libro de poesía. Los salmos representan perfectamente este estilo
literario. Contiene historias de amor, batallas, milagros e instrucciones
para la vida.

Las palabras de Dios en forma impresa son como encontrar un
tesoro. No tenemos que adivinar lo que Dios quiere de nosotros. No
tenemos que preguntarnos qué nos provee Él. Podemos leer que el
Dios del universo se identifica con nosotros, nos ama y tiene un plan
para nosotros.

Podemos confiar en sus palabras, las cuales son «inspiradas por
Dios y útiles... nos muestran la verdad... corrigen nuestros errores...
[y] nos entrenan para vivir como Dios quiere».

Tenemos sus palabras. Hay un tesoro aquí.

*Amado Dios, gracias por no dejarme nunca sin dirección.
Tengo tus palabras y tu Espíritu para ayudarme a aprender
y entender las muchas cosas que tú quieres que yo sepa
sobre ti y la vida que tú quieres que yo viva. Amén.*

*Pues Dios amó tanto al mundo que dio a su único Hijo,
para que todo el que crea en él no se pierda, sino que
tenga vida eterna. Dios no envió a su Hijo al mundo para
condenar al mundo, sino para salvarlo por medio de Él.*
JUAN 3.16-17 NTV

Dios te ama. La salvación por medio de su Hijo, Jesús, es el mayor
regalo que la humanidad jamás conocerá.

Puede que todos estemos familiarizados con Juan 3.16,
pero el siguiente versículo es el que nos ayuda a entender que
Dios es el inventor de la gracia. Él podía habernos enviado una
lista de violaciones de la ley con una amenaza de lo que podría
acontecernos si no cambiamos. Podría haber desarrollado un
inmenso sistema carcelario para infractores (aunque todos nosotros
hemos quebrantado su ley —ver Romanos 3.23—). Incluso podría
haber destruido la tierra y haber comenzado de nuevo. Podría
haberlo hecho, pero eligió la gracia en su lugar).

El versículo 17 nos indica que Dios no utilizó el plan
de salvación para iniciar una agenda secreta con el fin de
condenarnos.

Es más fácil amar a alguien que está por nosotros, no contra
nosotros.

*Amado Dios, tú proveíste una atmósfera en la que yo pudiera
identificarme con Jesús, confiar en su cuidado de mí y considerar
que merece la pena seguirle. La salvación es un regalo gratuito.
La única cosa que tengo que hacer es confiar (creer) en quién
eres y qué puedes llevar a cabo. Gracias por aceptarme. Amén.*

He guardado tu palabra en mi corazón,
para no pecar contra ti.
SALMOS 119.11 NTV

Antes de que existieran los bancos o las uniones de crédito había latas de café y bancos con forma de cerdito. Las personas metían monedas y dólares en ellos y hacían una retirada cuando se encontraban en necesidad. El día en que surgía una necesidad pero no quedaba dinero guardado era muy triste.

Cuando te tomas tu tiempo para memorizar un versículo de la Biblia, estás guardándolo deliberadamente para una necesidad futura. Cuanto más *llenes* el banco de tu memoria más fácil te resultará realizar una retirada.

Memorizar la Palabra de Dios nos ayuda a recordar lo que Él dijo aunque no tengamos una Biblia a mano. Conocer su Palabra significa que es menos probable que cuestionemos lo que Él ha declarado. Podemos utilizar nuestro disco duro interno para acceder a la verdad de Dios de manera que podamos manejar la tentación, compartir la verdad de Dios en cualquier lugar y recordar las palabras cuando necesitamos aliento.

No memorizamos para ganar estrellas de oro, sino para desarrollar un sentido de sobrecogimiento ante quién es Dios.

Amado Dios, tú quieres que yo guarde tus palabras en las
páginas de mi corazón. Para el beneficio de aquellos con
quienes las comparto, para el mío propio y porque quiero
honrarte, por favor ayúdame a realizar en mi memoria
depósitos regulares llenos de tu verdad. Amén.

Y este es el amor: que andemos conforme a sus mandamientos. Este es el mandamiento tal como lo habéis oído desde el principio, para que andéis en él.
2 JUAN 1.6 LBLA

En el Antiguo Testamento existen docenas de leyes. Las más conocidas recibieron el nombre de los Diez Mandamientos (ver Éxodo 20). En el Nuevo Testamento, Jesús afirmó que los dos mayores mandamientos tenían que ver con cómo amamos a Dios y a los demás (ver Marcos 12.28-31).

Si somos transformados de personas que eligen el pecado en personas que escogen el plan de Dios mediante la obediencia, probablemente necesitemos entender cómo llegamos de una opción a la otra.

La obediencia es simplemente elegir amar. Si amamos realmente a alguien, no le mentiremos, no le robaremos, no le hablaremos irrespetuosamente ni diremos cosas malas sobre él o ella. Si amamos a Dios, honraremos su nombre, lo tomaremos en serio y le serviremos bien.

Somos transformados cuando nuestras decisiones están definidas por el amor (ver 1 Corintios 13).

Nuestro viaje con Dios empieza con múltiples pasos de obediencia amorosa y termina con una transformación en nuestra manera de actuar, pensar y vivir.

Amado Dios, tú estás muy interesado en mi obediencia. Me das toda clase de formas de ser obediente mediante la opción de amar a los demás. Ayúdame a empezar recordando que la obediencia es una vida llamada a una transformación desde la desconfianza hasta el amor. Amén.

BUSCAR LA APROBACIÓN

*Sin embargo, muchos, aun de los gobernantes, creyeron
en Él, pero por causa de los fariseos no lo confesaban.*
JUAN 12.42 LBLA

Recientemente conocí a unos nuevos amigos que no son cristianos y
me di cuenta de que estaba ocultando mi fe, por miedo a su reacción
cuando supieran que yo lo soy. ¿Seguirían aceptándome? ¿O se
distanciarían de mí, me tratarían como a un extraño y me juzgarían?
Así que me quedé callado. Pero no podía esconder mi fe eternamente,
es una parte muy importante de mi ser. Además, no quería hacerlo.
Cualquiera que fuera su reacción, yo quería mantenerme fiel a mí
mismo y a Dios.

¿Ocultas alguna vez tu fe porque temes las reacciones de
la gente? ¿Tienes miedo de que tus amigos se burlen de ti? Jesús
soportó la humillación para morir por ti. ¿Te excluirá cierto grupo?
Jesús abandonó el cielo para que tú pudieras estar con Él. ¿Anhelas
la aceptación de la multitud? Más que nadie, Jesús —el Creador del
universo— quiere que seas su amigo.

Jesús no se avergüenza de ti. No te avergüences tú de Él.

*Jesús, perdóname por las veces en las que te he negado o
he ocultado mi fe de los demás por miedo a su reacción.
Ayúdame a compartir mi fe abierta y honestamente. Amén.*

Pues nos ha nacido un niño, un hijo se nos ha dado; el gobierno descansará sobre sus hombros, y será llamado: Consejero Maravilloso, Dios Poderoso, Padre Eterno, Príncipe de Paz. Su gobierno y la paz nunca tendrán fin. Reinará con imparcialidad y justicia desde el trono de su antepasado David por toda la eternidad.
ISAÍAS 9.6-7 NTV

Las naciones se lanzan bombas unas a otras. En nuestras comunidades, el crimen copa las noticias locales. Progenitores enemistados acaban divorciándose y dejando familias rotas. A nuestro alrededor, hay mucho dolor, sufrimiento e injusticia. Las personas tratan de promover la paz pero, ¿puede ocurrir realmente? Con Jesús, ¡sí!

Jesús vino a establecer la paz, no solo con Él, sino los unos con los otros. La aceptación de su sacrificio en la cruz trae paz entre nosotros y Dios. Y seguir sus caminos promueve la paz con los que nos rodean al perdonarnos, amarnos y servirnos los unos a los otros. Aunque naciones en guerra o padres enemistados perturben nuestra vida, el Príncipe de Paz tiene el poder para traer armonía.

¿Qué situaciones personales o globales necesitan tus oraciones por paz hoy?

Dios, en ocasiones la paz parece tan imposible. El odio es demasiado fuerte. El dolor es demasiado grande. Pero tú eres el Dios de lo imposible. Por favor trae tu paz hoy. Ayuda a detener la ira y la amargura y reemplázalas por tu perdón y sanación. Amén.

Esto dice el Señor: «No dejen que el sabio se jacte de su sabiduría, o el poderoso, de su poder, o el rico, de sus riquezas».
JEREMÍAS 9.23 NTV

¿Has estado con personas ansiosas de poner de manifiesto su cerebro, músculos o dinero?

Nadie parece impresionarse si se le tiene que decir cuán especial e importante hacen estas cosas a una persona. La soberbia es un mal abrigo. Te cubre, pero es horrible.

Cuando eres verdaderamente sabio, los demás se darán cuenta de ello sin la necesidad de comprar un cartel que lo proclame. Si eres rico, emplea tu riqueza para ayudar a los demás. Si eres poderoso, muestra contención para manifestar el amor y la misericordia de Dios.

Humildad significa hacer simplemente lo correcto sin buscar reconocimientos, sin tratar de destacar y sin importarte lo que piensen los demás.

Es duro realizar bien un trabajo y que no te reconozcan por ello. Dios es consciente de lo que haces y le agrada que dejes que la alabanza por tu trabajo venga de los demás.

Amado Dios, Jesús vino a la tierra y vivió como uno de nosotros. Él era tu Hijo. Era mucho más que uno de nosotros, ¡vino del cielo! Su corazón humilde me ayuda a entender que cuando mi prioridad es honrarte, el reconocimiento de los demás es simplemente un añadido. Amén.

ESTÁ BIEN

*La paz os dejo, mi paz os doy; no os la doy como el mundo
la da. No se turbe vuestro corazón, ni tenga miedo.*
JUAN 14.27 LBLA

◇◇◇

Horatio Spafford escribió el famoso himno «Está bien con mi alma».
Pero, ¿conoces su historia? Era un próspero abogado de Chicago,
rico y prominente. Sin embargo, una serie de tragedias lo despojó de
todo. Su único hijo varón murió de escarlatina a la edad de cuatro
años. Un año después, el Gran Incendio de Chicago arrasó la ciudad
y toda la riqueza de Horatio. Dos años después, sus cuatro hijas
murieron en un naufragio. Cuando navegaba hacia Inglaterra para
reunirse con su esposa, superviviente del naufragio, pasó por el punto
en que sus hijas estaban sepultadas en el mar. Al verlo, Horatio se
sentó y escribió «Está bien con mi alma». Todos sus hijos, muertos. Su
casa, quemada. Pero su alma, en paz.

Incluso frente a una tremenda aflicción, la paz de Cristo
sostenía a Horatio. Independientemente de lo que pase, ¿puedes
cantar tú también «Sea cual sea mi suerte, tú me has enseñado a
decir, está bien, está bien con mi alma»? ¿Por qué o por qué no?

*Jesús, estoy muy agradecido por tu paz y consuelo, especialmente
durante los momentos duros. La muerte y la tragedia no tienen
que doler tanto por la esperanza que tú das. Por favor, dame
paz y consuelo hoy para las cosas que me angustian. Amén.*

¡El Dios de piedad se apiadará de ti cuando clames pidiendo ayuda! Tan pronto como te oiga, te responderá... Ya sea que te desvíes a la derecha o a la izquierda, tus oídos percibirán a tus espaldas una voz que te dirá: "Este es el camino; síguelo".
ISAÍAS 30.19, 21 NVI

En ocasiones, tomar decisiones se parece a jugar al escondite con Dios. ¡Él se esconde y nosotros tenemos que buscarlo! Pero Jesús siempre quiere que lo encuentres.

No llegarás muy lejos en el juego del escondite si todo lo que haces es permanecer en un mismo lugar. Tienes que buscar. Puedes orar, orar y orar cuando necesitas la dirección de Dios, pero también tienes que moverte. ¡Entra en acción! Ve un poco hacia la izquierda. Vaya, una puerta cerrada. Bien, ¿qué tal hacia la derecha? ¡Oh, una abierta! Muy bien, ¿qué hay aquí?

Si no estás seguro de qué trabajo de verano aceptar, mantén abiertas todas las opciones hasta que sientas que Dios te guía hacia la correcta. ¿No estás seguro de qué deporte de primavera practicar? Inténtalo en el fútbol y el atletismo y valora cuál de ellos te produce más alegría y paz.

Descubrir la voluntad de Dios no debería ser un misterio que se quede sin resolver. Los magos siguieron una estrella. Moisés vio una zarza ardiendo. Elías oyó un susurro. Mira a tu alrededor. ¿Qué pistas te está dando Dios?

Señor, gracias por guiarme siempre. Ayúdame a moverme en la dirección correcta abriendo y cerrando puertas y dándome paz cuando tome la decisión correcta. Amén.

¡Amen a sus enemigos! Hagan bien a quienes los odian. Bendigan a quienes los maldicen. Oren por aquellos que los lastiman... Traten a los demás como les gustaría que ellos los trataran a ustedes.
LUCAS 6.27-28, 31 NTV

Nos encontramos cara a cara con personas que odian, maldicen, usan, abusan y se consideran enemigas. ¿No deberían recibir un castigo por mala conducta?

Jesús nos ordenó que amáramos a los pendencieros y sus aprendices. Eso no significa que aprobemos su comportamiento. Más bien, mostrar el amor de Dios a alguien que no lo merece lo confronta con un regalo inesperado. El impacto puede ser de los que cambian vidas.

Nuestros versículos terminan con la Regla de Oro. Si quieres amor, amistad y bondad, demuéstralos, incluso hacia las personas difíciles de amar. Dios te cambió el corazón. Él puede cambiar el de estas personas.

Amado Dios, resulta fácil querer vengarse de los groseros. En el mejor de los casos, solo espero evitar a las personas mezquinas. Tú quieres más de mí. Quieres que haya bondad donde habitualmente existe frustración. Quieres amor donde la ira está presente. Ayúdame a reajustar mi pensamiento para que se alinee con el tuyo. Amén.

*Toda la alabanza sea para Dios, el Padre de nuestro
Señor Jesucristo. Dios es nuestro Padre misericordioso y la
fuente de todo consuelo. Él nos consuela en todas nuestras
dificultades para que nosotros podamos consolar a otros.
Cuando otros pasen por dificultades, podremos ofrecerles
el mismo consuelo que Dios nos ha dado a nosotros.*

2 CORINTIOS 1.3-4 NTV

La Biblia afirma: «En el mundo tenéis tribulación» (Juan 16.33 LBLA).
Dios prometió que las dificultades serían normales. Puede sonar como
una promesa que nos gustaría que Dios no fuera capaz de cumplir.
No nos gusta preocuparnos, temer o pasar dificultades. Las buenas
noticias son que no tenemos que hacerlo.

Se describe a Dios como misericordioso. Él ofrece consuelo
siempre que llegan las dificultades. Quizás no nos proteja de los
problemas, pero nos provee un lugar de reposo en medio de las
tribulaciones que afrontamos.

En esos tiempos de prueba crecemos, estamos bajo presión
y aprendemos mucho sobre nosotros y los demás. Cuando Dios
nos consuela, nuestra responsabilidad es consolar a los demás y
ayudarles a encontrar a Dios, la fuente definitiva de consuelo.

A menudo preguntamos por qué tenemos que pasar por
dificultades, pero si aceptamos que todo el mundo sufre podemos
plantear la nueva pregunta: «¿Qué quieres tú que yo aprenda?».

*Amado Dios, tú provees consuelo porque nos amaste.
Puedo consolar a otras personas porque te amo. Ayúdame
a recordar que la compasión manifiesta amor. Amén.*

ADOPTAR LA FORMA DE TU ELECCIÓN

Como hijos obedientes, permitid que se os lleve a un estilo de vida moldeado por la vida de Dios, una vida energética que derrocha santidad. Dios dijo: «Yo soy santo; sed santos».
1 PEDRO 1.14-16 [TRADUCCIÓN LITERAL DE LA VERSIÓN THE MESSAGE]

Conformarse es como poner la palma de la mano en una almohada viscoelástica. Esta adopta rápidamente la forma de la misma. Cuando decides dejar de obedecer a Dios, puedes adoptar rápidamente la forma de las muchas malas decisiones a las que te enfrentas cada día. *Caes en esos viejos surcos del mal.*

Para el cristiano, existe un camino mejor. Ya no tienes excusa para tomar malas decisiones. Dios siempre ofrece perdón, pero siempre ha querido que crezcamos. Él nos dice: «Yo soy santo; sed santos».

Eso es la sabiduría para un Dios que sabe lo fácil que es para nosotros tomar decisiones egoístas.

Amado Dios, necesito recibir disciplina en mi viaje contigo, porque eso es parte del crecimiento para servirte. Ayúdame a negarme a conformarme al molde de las decisiones fáciles a mi alrededor. Ayúdame a romperlo y que tú puedas usarme para dar una nueva forma a la cultura que me rodea. Amén.

BUENOS CULTIVOS - MALOS CULTIVOS

No os engañéis: nadie puede burlarse de Dios. Lo que una persona plante, eso segará. La persona que planta egoísmo, ignorando las necesidades de los demás —¡ignorando a Dios!— cosecha malas hierbas. ¡Todo lo que tendrá para mostrar en su vida son malas hierbas! Pero el que planta en respuesta a Dios y permite que el Espíritu de Dios haga la obra de crecimiento en él, cosecha vida real, vida eterna.
GÁLATAS 6.7-8 [TRADUCCIÓN LITERAL DE LA VERSIÓN THE MESSAGE]

Si la vida es una granja y nosotros granjeros, estamos en el negocio de la agricultura. Si no plantamos buenas semillas crecerán las malas hierbas.

Un buen cultivo ejerce un impacto positivo en nuestra vida y en la de los demás. Compartimos amor, esperanza y bondad y cosechamos lo mismo.

Los malos cultivos se definen por su impacto negativo. Cuando expresamos ira, violencia y odio, no debería sorprendernos que no reunamos una cosecha de gozo.

Si piensas que puedes seguir la corriente a los malos cultivos plantados por otros, probablemente des lugar a que las malas semillas se adueñen de tus plantaciones.

Deja que el Espíritu de Dios limpie las malas semillas en tu vida y plante nuevas semillas. Viene una cosecha. ¿Qué está produciendo tu vida?

Amado Dios, cada una de mis acciones actuales impacta en mi futuro. Se necesita tiempo para que crezca cualquier cultivo, pero llegará el tiempo en que todos podrán ver qué tipo de semilla he plantado. Ayúdame a sembrar cultivos que representen tu obra en mi vida. Amén.

*El amor es paciente, es bondadoso. El amor no es envidioso
ni jactancioso ni orgulloso. No se comporta con rudeza, no
es egoísta, no se enoja fácilmente, no guarda rencor.*
1 CORINTIOS 13.4-5 NVI

En tu vida, los adultos han intentado enseñarte buenas maneras por
una razón. No es únicamente para que seas educado cuando viene
visita o para que seas respetuoso con las personas mayores que tú. La
mejor razón es que cuando tienes modales estás demostrando lo que
Dios describe como amor.

Buenos maneras significa que serás amable, respetuoso,
humilde, tranquilo, paciente y que honrarás a los demás. Todas
estas características son elecciones que hacemos cuando se trata del
amor.

Si piensas que los modales es algo que te exige suprimir la
insolencia personal hasta que una persona se marcha, necesitas leer
de nuevo los versículos. Los buenos modales son un entrenamiento
básico de la forma en que debes amar a tu familia, amigos, extraños
y la chica con la que te casarás algún día.

Los modales no son restricciones temporales; son los guardianes
permanentes que nos exhortan a amar.

*Amado Dios, lo que digo y cómo lo digo son cosas importantes
para ti. Cómo actúo y respondo demuestra si te estoy permitiendo
cambiarme a mejor. Con quién soy amable y cuán ilimitados
son mis buenos modales me ayuda a aprender importantes
formas de manifestar tu amor por todas las personas. Ayúdame a
honrar a la gente que ni siquiera conozco mediante la elección
del amor, haciendo uso de los buenos modales. Amén.*

*Esto significa que todo el que pertenece a Cristo se
ha convertido en una persona nueva. La vida antigua
ha pasado; ¡una nueva vida ha comenzado!*
2 CORINTIOS 5.17 NTV

El noventa por ciento de las mujeres explotadas sexualmente sufrieron abusos siendo niñas y cayeron por las grietas de la sociedad para acabar en la prostitución. El Departamento de Estado estadounidense calcula que 100.000 niñas (de una media de trece años) caen en las redes del tráfico sexual *cada año*. El comercio sexual es una forma de esclavitud actual en la que mujeres y niñas se convierten en una propiedad que se compra y se vende.

El noventa y cinco por ciento de las mujeres víctimas del tráfico sexual afirman que quieren salir de su estilo de vida, pero no creen que puedan sobrevivir haciendo cualquier otra cosa. Nuevos amigos, nueva vida es una organización cristiana con base en Dallas, Texas, cuyo fin es restaurar y empoderar a adolescentes y mujeres víctimas del tráfico y la explotación sexual y sus hijos proveyéndoles acceso a la educación, la formación profesional, una ayuda económica temporal y consejo. Su misión es rehabilitar a estas mujeres, dándoles nuevos amigos y una nueva vida.

Conoce más sobre el tema en www.newfriendsnewlife.org.

*Gracias Padre por las organizaciones que buscan restaurar a las
mujeres víctimas de abusos y darles una nueva vida. Oro para
que organizaciones como estas sigan creciendo y proveyendo
ayuda a todas las mujeres heridas que quieren dejar el comercio
sexual. Por favor, da valentía a estas víctimas del sexo para
abandonar la prostitución y comenzar una nueva vida. Amén.*

Así que preparen su mente para actuar y ejerciten el control
propio. Pongan toda su esperanza en la salvación inmerecida
que recibirán cuando Jesucristo sea revelado al mundo.
1 PEDRO 1.13 NTV

Un día Jesús volverá. Él seguirá siendo el Salvador, pero su venida significa el comienzo de algo nuevo. La tierra no es el final de su plan. Él ha creado un lugar para cada cristiano en su propia morada, el cielo.

Lo que acontece aquí es solo el principio, pero es donde se toma la mayor decisión acerca del lugar en el que pasaremos la eternidad.

Se requiere fe para creer en un Dios que nunca hemos visto, que vive en un sitio en el que nunca hemos estado, pero que siempre ha existido, siempre existirá y creó nuestro mundo solamente con las palabras que pronunció.

No obstante, fe significa que vemos pruebas de su existencia en el aire que respiramos, en el sol que se levantó esta mañana, en los alimentos que comemos, el agua que bebemos, los amigos que hacemos y la familia que amamos.

Dios quiere que nos tomemos en serio nuestra fe. Quiere que nuestro corazón, mente y vida se centren en seguirle de manera que cuando vuelva nos encuentre fieles a Él.

La mejor vida está por delante.

Amado Dios, tú no quieres que yo juegue con mi fe.
No debería considerar que seguirte es la siguiente gran
tendencia, moda u oferta de prueba. Tú eres Dios. Ayúdame
a entender siempre la necesidad de seguirte. Amén.

*¡Aleluya! Alabad a Dios en su santa casa de adoración,
alabadle bajo el cielo raso; alabadle por sus actos de
poder, alabadle por su magnífica grandeza... ¡Que toda
criatura viviente y que respira alabe a Dios! ¡Aleluya!*
SALMOS 150.1-2, 6 [TRADUCCIÓN LITERAL DE LA VERSIÓN THE MESSAGE]

Se nos ordena que alabemos a Dios pero, ¿qué significa eso? En la
cultura actual pensamos habitualmente en un servicio de iglesia o un
festival al aire libre donde las personas entonan cánticos a Dios y
sobre Él. Hay grupos, cánticos y reuniones de alabanza pero, ¿es eso
todo lo que hay que alabar?

La música parece ser uno de los métodos más empleados
para alabar a Dios, pero alabar significa mucho más que entonar
cánticos. Alabar a Dios puede parecerse a una ceremonia de
entrega de premios cuando piensas en todas las razones por las
que Dios merece tu confianza y fe. Alabar puede ser en cierto modo
como alardear contando a los demás cuán asombroso es Dios. La
alabanza puede ser una sesión de gratitud en la que das gracias
personalmente a Dios por los muchos regalos que te ha dado.

*Amado Dios, cuando te alabo estoy haciéndote saber que entiendo
que tú lo creaste todo, lo diste todo y mereces todo lo que yo
poseo, y acepto que tú eres más que digno de toda la gratitud
que jamás pueda dar. Tú eres más que asombroso. Amén.*

*Me viste antes de que naciera. Cada día de mi vida
estaba registrado en tu libro. Cada momento fue
diseñado antes de que un solo día pasara.*
SALMOS 139.16 NTV

¿Te has preguntado alguna vez si tienes algún potencial real? Ves las cosas que otros chicos hacen y piensas: *No soy como él.* Es fácil sentir que no das la talla.

Bienvenido a una mejor comprensión del potencial. El salmista declaró que antes de que tu familia te recibiera en el mundo Dios tenía un registro de cada día de tu vida. No solo los momentos destacados de la misma, sino todos.

El salmista afirmó: «Tú creaste las delicadas partes internas de mi cuerpo y me entretejiste en el vientre de mi madre» (Salmos 139.3).

Dios te hizo a su imagen, ofrece un plan y esperanza para tu futuro y te amó lo suficiente como para redimirte del precio del pecado acumulado. ¿Tienes potencial? La respuesta se encuentra en todo lo que Dios ha llevado a cabo para demostrar la manera única en la que te moldeó, ¡sí!

*Amado Dios, tu Palabra me recuerda que fui creado para un
propósito, y mi propósito puede ser diferente que el de cualquier
otra persona. Mi potencial reposa en ti. Tú me has instado a
convertirme en aquello para lo que me creaste. Ayúdame a
saber qué es eso y estar preparado para crecer. Amén.*

Líbrame, oh Señor, de los hombres malignos; guárdame de los hombres violentos, que traman maldades en su corazón.
SALMOS 140.1-2 LBLA

El tráfico sexual de personas ha pasado a ser *el* problema de los derechos humanos en la actualidad. Según el FBI, es el negocio con un crecimiento más rápido en el crimen organizado. La mayor parte del mismo tiene lugar en otros países pero ¿sabías que alrededor de 300.000 jóvenes estadounidenses corren peligro de convertirse en víctimas y que un número desconocido de ellos ya ha sido captado para este tráfico de personas? Niñas de edades comprendidas entre los doce y catorce años se ven obligadas a ejercer la prostitución e incluso se trafica con niños de entre once y trece años en los Estados Unidos. Los venden a los traficantes, los encierran durante semanas o meses, los drogan, aterrorizan y violan. Las víctimas tienen tanto miedo que no luchan ni escapan, aunque se les presente una oportunidad de hacerlo. Una vez prostituida, la persona se ve obligada a tener sexo un promedio de entre veinte a cuarenta y ocho veces al día.

El tráfico de seres humanos no es solamente un problema internacional, es local también. Tiene lugar en todas partes, 365 días al año.

Con el permiso de tus padres, puedes saber más acerca del tráfico de seres humanos en www.polarisproject.org.

Jesús, por favor rescata a las víctimas del tráfico sexual y ayúdalas a encontrar curación. Por favor ayuda a las fuerzas policiales a averiguar dónde tiene lugar el mismo y acabar con ello. Y por favor que se difunda la concienciación sobre este tema para que pueda evitarse y comunicarse mejor a las autoridades. Amén.

Sin embargo, Dios me había apartado desde el vientre
de mi madre y me llamó por su gracia. Y, cuando
él tuvo a bien revelarme a su Hijo para que yo lo
predicara entre los gentiles, no consulté con nadie.
GÁLATAS 1.15-16 NVI

◇◇

Pablo era el judío modelo. Creció memorizando las Escrituras, asistiendo a la sinagoga cada semana y participando en las festividades judías. ¡Lo hacía todo de la manera correcta! Pero un día se encontró con Jesús cara a cara y toda su vida cambió.

Muchos adolescentes tienen el mismo trasfondo que Pablo. Nacieron en hogares cristianos, asisten a la iglesia y al grupo de jóvenes cada semana, memorizan las Escrituras y participan en las celebraciones cristianas. Pero no han conocido a Jesús cara a cara.

Nuestra fe no es simplemente una serie de normas y creencias transmitidas por nuestros padres y abuelos. Es un encuentro personal con un Dios vivo. ¿Has tenido una experiencia transformadora con Jesucristo o simplemente te dejas llevar por la inercia de la fe de tus padres?

Jesús, quiero conocerte, conocerte de verdad. No solo aprender
sobre ti y «hacer lo correcto». Quiero experimentarte como Pablo
lo hizo. Por favor muéstrate a mí de manera que pueda conocerte
personalmente y saber los planes que tú tienes para mí. Amén.

Manteneos firmes. Y no os contengáis. Lanzaos a la obra de vuestro Maestro, con la confianza de que nada de lo que hagáis por Él es un desperdicio de tiempo o esfuerzo.
1 CORINTIOS 15.58 [TRADUCCIÓN LITERAL DE LA VERSIÓN THE MESSAGE]

¿Nunca has tenido una de esas mañanas en las que simplemente nada va bien? No quieres salir de la cama, no tienes ninguna motivación pero sigues teniendo esperanza en que las cosas cambien. Piensas que llegar a adulto y conseguir el trabajo que realmente deseas marcará la diferencia.

¿Y si esta es la perspectiva equivocada? ¿Y si *todo* lo que haces se considera la obra de Dios? ¿Y si nada de lo que haces para Dios es un desperdicio de tiempo?

Como cristianos nuestro empleador es Dios. Él garantiza que se cuide de nosotros ahora y cuando lleguemos al cielo. Como le servimos, podemos soportar cualquier trabajo que encontremos, pero también podemos estar satisfechos al saber que lo hemos hecho lo mejor posible por Él.

Aunque el trabajo es importante, la motivación para hacerlo es la clave para la satisfacción. El trabajo es un instrumento que utilizamos para honrar a Dios. Buscar honrar a Dios es lo que puede motivarnos a hacer bien el trabajo.

Amado Dios, cada vez que empiece a sentir que preferiría hacer cualquier otra cosa en lugar del trabajo que tengo que realizar ahora ayúdame a recordar que trabajo para ti. Tú creaste todas las cosas y sabes cuando hago algo bien. Ayúdame a recordarlo la próxima vez que no pueda encontrar la motivación para servirte bien. Amén.

*Pues ustedes, mis hermanos, han sido llamados a vivir
en libertad; pero no usen esa libertad para satisfacer los
deseos de la naturaleza pecaminosa. Al contrario, usen
la libertad para servirse unos a otros por amor.*
GÁLATAS 5.13 NTV

Eres libre para amar. Eres libre para servir. Eres libre para ser aquello
para lo que Dios te creó.

La libertad que Dios concede no se inclina hacia el egoísmo,
sino hacia el hecho de que ella sea una manera de bendecir a los
demás.

Cada rasgo que Dios quiere que desarrollemos en nuestra
vida tiene como su centro la opción de amar. Él llama a este amor
libertad.

Cuando servimos a los demás, estamos demostrando la verdad
de nuestra decisión de amar. Después de todo, ¿quién sirve de buen
grado a las necesidades de los demás si no se preocupa realmente
de ellos?

El servicio requiere humildad porque no estás atento a las cosas
que tú quieres sino a las necesidades de los demás. En ocasiones,
ni siquiera conoces a las personas a quienes sirves. Sin embargo,
cuando conoces al individuo a quien sirves, ello crea la oportunidad
de considerar a los demás más importantes que tú.

Quizás una de las mayores libertades que tenemos sea
mantenernos libres del egoísmo.

*Amado Dios, cuando pienso en la libertad pienso en hacer
lo que quiero, pero tus palabras afirman que la libertad es
algo diferente. Tú quieres que yo me libere del ego y que me
sienta libre de compartir la vida con los demás. Ayúdame
a ver la libertad como el hecho de no tener que pedir
disculpas por servir a los demás en tu nombre. Amén.*

¿CRISTIANISMO DE MÁQUINA EXPENDEDORA?

Mi propósito al escribir es simplemente este: que vosotros los que creéis en el Hijo de Dios sepáis sin ninguna sombra de duda que tenéis vida eterna, la realidad y no la ilusión. Y cuán valientes y libres nos volvemos entonces en su presencia y pedimos libremente según su voluntad, seguros de que Él está oyendo. Y si confiamos en que Él está escuchando, sabemos que lo que hemos pedido es bueno para nosotros.
1 JUAN 5.13-15 [TRADUCCIÓN LITERAL DE LA VERSIÓN THE MESSAGE]

Dios nunca ha sido una máquina expendedora. ¿Parece una declaración extraña? En ocasiones lo tratamos como si todo lo que necesitáramos hacer fuera pagar el precio de una oración y entonces Él *tendría* que responder a nuestra petición de la manera que nosotros queremos.

Como Dios lo sabe todo, Él es consciente de lo que es bueno para nosotros y lo que nos hará daño. ¿No sería irresponsable por su parte permitirnos tener cosas que Él supiera nocivas para nosotros?

Cuando invitamos a Dios a fusionar su voluntad con nuestra petición, la respuesta que recibiremos será perfecta. ¿Significa eso que Él nos dará lo que queremos? Significa que aprendemos a desear la voluntad de Dios por encima de nuestras peticiones.

Amado Dios, como tú sabes mucho más de lo que yo sé, ayúdame siempre a pedir por lo mejor para ti. Quiero tu voluntad incluso cuando pienso que sé lo que querría. Ayúdame a recordar que cuando dejo la decisión en tus manos, siempre consigo algo mucho mejor de lo que planeé. Amén.

Me mostrarás el camino de la vida, me concederás la alegría
de tu presencia y el placer de vivir contigo para siempre.
SALMOS 16.11 NTV

Es posible pensar que si Dios es todo lo que tienes entonces no tienes realmente mucho. Algunas personas creen que es como elegir una biblioteca en lugar de una montaña rusa. Sienten que Dios no es suficientemente emocionante como para permitirle influenciar cada parte de su vida. ¿Y si pasan tiempo con Dios y se pierden algo divertido?

Rendirse a Dios significa que tu perspectiva cambiará. Descubrirás un secreto que te sorprenderá. Cada experiencia asombrosa que jamás hayas tenido no te satisfará de la manera que Dios puede hacerlo. Toda experiencia tiene un principio y un final. Te cansarás de todas las nuevas que vayas viviendo. Dios siempre tiene éxito.

Dios nos invita a vivir realmente la vida con Él. Esa vida llega con una satisfacción llena de gozo, que nos exhorta a poner todo lo demás más abajo en nuestra lista de prioridades. Las experiencias pueden hacernos felices, pero solo Dios puede traer gozo y en su presencia siempre encontrarás una mayor satisfacción que no sabías que era posible.

Amado Dios, tú quieres que yo sea plenamente consciente de que
nunca podría tener una vida mejor que la que puedo tener como hijo
tuyo. Probara lo que probara, sería algo pequeño en comparación
con conocerte. Ayúdame a buscar y encontrar satisfacción en
ti. Ayúdame a entregar mi voluntad por tu camino. Amén.

> *Así que dejen que crezca, pues una vez que su*
> *constancia se haya desarrollado plenamente, serán*
> *perfectos y completos, y no les faltará nada.*
> SANTIAGO 1.4 NTV

A nadie le *gusta* sufrir. Aunque seas un atleta serio, hay días en los que simplemente no quieres entrenar, ¡especialmente si el entrenamiento es tan duro que te hace vomitar! Pero reconocemos que el entrenamiento y el sufrimiento nos hacen madurar, nos hace mejores. Somos más fuertes y capaces, más intensos y controlamos más la situación.

¡No puedes madurar hasta llegar a ser un atleta campeón sentado en el sofá!

Nuestra vida espiritual es igual. Una fe sólida y comprometida en Dios no surge de la nada. Tiene que crecer. Dios permite que los problemas lleguen a nuestra vida de manera que pueda entrenarnos y madurar nuestra fe. Dios nos hace más fuertes en el valle, no en la cima de la montaña.

¿A qué luchas te estás enfrentando ahora? ¿Qué piensas que está enseñándote Dios? ¿Cómo está creciendo tu fe?

Señor, la vida no es divertida ahora mismo. Duele realmente. Resulta difícil encontrar el gozo en todo esto, pero yo encuentro consuelo en ti. Tú has estado verdaderamente cerca durante este tiempo y siento que me estás cultivando. Así que gracias por esta experiencia y profundización de mi fe en ti. Amén.

Por lo tanto, pónganse toda la armadura de Dios, para que cuando llegue el día malo puedan resistir hasta el fin con firmeza.
EFESIOS 6.13 NVI

Abandonar parece fácil. Tienes dificultades con el baloncesto porque exige esfuerzo y un compromiso de aprender las reglas. Participas en una banda, pero la correa del tambor en el hombro hace daño. Asistes a clases de guitarra, pero quieres dejarlas porque otra cosa atrae tu atención.

Algunos compromisos deberían dejarse a un lado porque no son compatibles con tu talento o personalidad. Otros porque simplemente no estás tan comprometido como pensabas.

La vida cristiana está diseñada para ser un compromiso eterno. Dios nos da herramientas a las que se refiere como *armadura* para que podamos mantenernos firmes cuando nos enfrentemos a nuestro enemigo espiritual. Nos encontramos en una guerra espiritual y toda arma que Dios nos da está preparada para resistir al enemigo. Si abandonamos, nos damos la vuelta y huimos, dejamos al descubierto áreas en las que el adversario puede herirnos. Cuando has hecho todo lo posible por abandonar, Dios ofrece un compromiso pleno de ayudarte mediante su mandato de «mantenerte firme».

Amado Dios, tú quieres que yo honre los compromisos. Eso significa que cuando prometa a mi familia que haré algo, pueden esperar que cumpla mi promesa. También significa que cuando te sigo lo hago incluso cuando es difícil. Ayúdame a servirte con la dedicación plena y el respaldo de tu amor. Amén.

Considerad un auténtico regalo, amigos, cuando las pruebas y desafíos os lleguen por todos lados. Sabéis que bajo presión, vuestra vida de fe sale a la luz y muestra su verdadera cara.
SANTIAGO 1.2-3 [TRADUCCIÓN LITERAL DE LA VERSIÓN THE MESSAGE]

¿Has pensado alguna vez que un mal día es un regalo? ¿Y si esa clase de días existen para proveer una mejor perspectiva de lo realmente importante?

Puede resultar fácil pensar que lo más importante en la vida es tener días sin estrés, preocupación ni dolor. El problema es que olvidamos frecuentemente a Dios cuando las cosas van bien.

Vivimos en un mundo en el que es fácil que las personas tomen malas decisiones. A menudo ocurren cosas malas porque vivimos en un mundo en el que las personas pecan. Nuestra vida y el pecado de la humanidad chocarán de vez en cuando. Ahí es donde recordamos por qué Dios es tan importante.

La presión de los días malos puede ayudarnos a sacar a relucir nuestra fe y demostrar que confiamos realmente en Dios.

Amado Dios, en ocasiones los días malos me ayudan a cambiar mi enfoque de nuevo hacia ti. Cuando acontecen cosas malas, me acuerdo de ti. Eso no significa que tú empeores la situación para que yo me concientice, pero hoy lo estoy haciendo y estoy agradecido. Amén.

¿A quién tengo en el cielo sino a ti? Te deseo más que cualquier cosa
en la tierra. Puede fallarme la salud y debilitarse mi espíritu, pero
Dios sigue siendo la fuerza de mi corazón; él es mío para siempre.
SALMOS 73.25-26 NTV

Tu casa está ardiendo y solo puedes salvar *una* cosa de las cenizas.
¿Qué te llevarías? no valen respuestas cursis como tu Biblia o tu
almohada. En serio, ¿qué te dejaría absolutamente devastado perder?

La respuesta a esta pregunta revela tus principales posesiones
en la vida. ¿Qué pasaría si fueran destruidas? ¿Por qué son tan
especiales? ¿Tienen valor sentimental o monetario?

Sin duda lo que agarraste no es algo que puedas llevarte
contigo al cielo. Nunca ves un camión de mudanza tras un cortejo
fúnebre para que la persona fallecida pueda ser enterrada con todas
sus pertenencias.

¿Qué importa realmente entonces? ¿Las cosas? ¿La opinión de
las personas sobre nosotros? ¿Lo bien que nos desempeñemos?

Todo se reduce realmente a Dios. Él es nuestra posesión
principal, lo único que nunca podemos perder.

¿Qué temes perder? ¿A qué posesiones te aferras? ¿Qué estatus
estás buscando? ¿Qué necesitas entregar a Dios para que Él sea el
deseo principal de tu corazón?

Dios, es fácil ir en busca de cosas que no son importantes. Proteger
mis cosas y no querer compartirlas. Pero tú eres verdaderamente
eterno y lo más importante. Lo entrego todo a ti. Amén.

Y así, la bendición y la maldición salen de la misma boca.
Sin duda, hermanos míos, ¡eso no está bien! ¿Acaso puede
brotar de un mismo manantial agua dulce y agua amarga?
SANTIAGO 3.10-11 NTV

Jeremy venía de una familia muy pobre. Como era apestoso, desagradable y tenía sobrepeso, los chicos siempre se reían de él y se metían con él antes de que empezara el grupo de jóvenes. Después, el pastor de jóvenes seguía con la noche y las mismas bocas que se habían burlado de Jeremy pasaban a alabar a Dios.

Cuando te ríes de otras personas, estás básicamente burlándote de Dios porque todos fuimos creados a su imagen. Cuando empleas tus palabras para herir a otras personas y reírte de ellas, estás haciendo lo propio con Dios. El agua salada amarga que se añade a un vaso de agua fresca estropea todo el vaso. De manera similar, tus alabanzas a Dios están vacías si hablas mal de los demás.

La próxima vez que te sientas tentado a atacar verbalmente a alguien o hacer un comentario hiriente, ¡cierra la cremallera de tus labios! Si lo echas a perder y dices cosas que no deberías, arréglalo. Pide el perdón de Dios y de la otra persona. Utiliza tus palabras como un instrumento de bendición, no de destrucción.

Dios, ayúdame a honrarte con mis palabras, no solo en las
alabanzas, sino en la forma en la que hablo a los demás. Amén.

*No sabéis lo primero que acontecerá mañana. No sois nada, solo
un hilillo de niebla que recibe un poco de sol antes de desaparecer.*
SANTIAGO 4.14 [TRADUCCIÓN LITERAL DE LA VERSIÓN THE MESSAGE]

¿Cuánto tiempo pasas con Dios? Este libro ofrece tres minutos al día
o veintiuno a la semana. Si lo leyeras cada día podrías dedicar una
hora y media en total al final del mes. Para comparar, ¿cuánto tiempo
pasas con tu familia? ¿Y en actividades extraescolares? ¿Cuánto
tiempo de ocio tienes (televisión, computadora, teléfono, videojuegos,
etc.)? ¿Hacen tus respuestas que tres minutos parezcan una inversión
muy pequeña?

Resulta fácil vivir prometiendo para mañana. Podrías prometer
fácilmente que mañana pasarás más tiempo con Dios, la familia
y los amigos. Es fácil tomar decisiones sobre lo que sabes que es
importante mientras puedas decir que esos cambios se harán en el
futuro.

Tú no tienes una promesa de un futuro *día de cambio*. Sin
embargo, puedes garantizar que el tiempo del día de hoy se emplee
para honrar a Dios y mejorar tu entendimiento de su plan.

*Amado Dios, estoy agradecido por haber pasado este tiempo
contigo. Ayúdame a entender que el tiempo es una inversión y que
algunas actividades no tienen la capacidad de mejorar los planes
que tú has tenido para mí desde antes de mi nacimiento. Amén.*

El ser humano sabe domar y, en efecto, ha domado toda clase de fieras, de aves, de reptiles y de bestias marinas; pero nadie puede domar la lengua. Es un mal irrefrenable, lleno de veneno mortal.
SANTIAGO 3.7-8 NVI

¡Los trabalenguas me vuelven loco! ¡Mi mente sabe lo que debo decir pero mi boca suelta cualquier otra cosa equivocada! Sin embargo, con la práctica suficiente (¡y yendo suficientemente despacio!), puedo recitar trabalenguas correctamente.

Domar nuestras palabras puede parecer una tarea imposible. Sabes lo que *deberías* decir, pero expresas cosas mezquinas y desagradables. Pero, ¡buenas noticias! No tenemos que afrontar esta tarea imposible en solitario. El Espíritu Santo te ayudará. Así que presta atención a sus avisos y cuanto más practiques el control de tus palabras, más fácil será.

¿Cuánto control empleas cuando hablas? ¿Intentas filtrar tus palabras o simplemente dejas que salgan irreflexivamente? ¿Te ves criticando con facilidad o te gusta animar? ¿De qué manera necesitas trabajar en la doma de tu lengua?

Espíritu Santo, por favor muéstrame cómo debo vigilar mis palabras. Convénceme cuando estoy diciendo cosas que no debería y ayúdame a practicar la contención, a no pronunciar las cosas hirientes que quiero decir. Ayúdame a no criticar ni chismorrear, sino a levantar y animar. Amén.

Si confesamos nuestros pecados, Dios, que es fiel y justo,
nos los perdonará y nos limpiará de toda maldad.
1 JUAN 1.9 NVI

¿Cuál es tu debilidad? ¿Ante qué cosa sucumbes? ¿Qué error cometes repetidamente?

Todos tenemos debilidades. Todos pecamos. Pero lo fundamental es nuestra respuesta al pecado. ¿Te apartas de Dios porque disfrutas tanto del pecado que prefieres revolcarte en él en lugar de huir del mismo? ¿Te fustigas con la culpa y buscas estrategias para que no vuelva a ocurrir? ¿Te escondes del mundo y actúas como si todo fuera bien, pero te ves enterrado en la vergüenza? ¿Sales y te diviertes porque si te olvidas de ello te sentirás mejor?

No existe un momento en el que te sientas más indigno de acercarte a Dios para sentarte en tu vergüenza y pedir perdón que cuando cometes una equivocación. Pero cuando la debilidad gana, el amor prevalece. El amor de Dios por ti no depende de quién seas tú, qué tengas que ofrecer o cuán «bueno» seas. Dios te ama. Punto.

El amor de Dios es inmerecido y, por mucho que pagaras por él, está fuera de tu alcance. Pero está ahí, para ti, preparado y disponible para que lo experimentes, si confiesas tus pecados.

Dios, lo he echado todo a perder de nuevo. Por favor
perdóname. Me siento tan indigno, tan poco merecedor de
tu gracia. Gracias por revelarme su profundidad. Amén.

*Luego dijo Jesús: «Vengan a mí todos los que están cansados
y llevan cargas pesadas, y yo les daré descanso. Pónganse
mi yugo. Déjenme enseñarles, porque yo soy humilde y tierno
de corazón, y encontrarán descanso para el alma. Pues mi
yugo es fácil de llevar y la carga que les doy es liviana».*
MATEO 11.28-30 NTV

Si crees que debes decir sí a cada oportunidad que se te presenta,
necesitas entender que Dios tiene un plan mejor.

Él te ofrece tomar tu carga y sustituirla por una más manejable.
Podrías completar muchas cosas buenas, pero incluso estas pueden
apartarte de lo mejor de Dios.

Nunca se te pide que dejes de servir a Dios, pero hay
momentos en los que existen límites en lo que puedes llevar a cabo si
también quieres hacer lo que Él ha planeado para ti. No todo lo que
se te pida hacer es el plan de Dios para ti. Ora, busca la sabiduría
de adultos de confianza y toma una decisión que te guarde del
estrés y la frustración abrumadores.

*Amado Dios, tú quieres que yo sirva a los demás, pero
también que aprenda de ti. Para hacer ambas cosas puede
que haya momentos en los que deba decir no. Ayúdame
a entender cuándo es necesaria esa palabra. Amén.*

PERMISO PARA DARTE LA VUELTA

*Ahora pues, arrepiéntanse de sus pecados y vuelvan
a Dios para que sus pecados sean borrados.*
HECHOS 3.19 NTV

◇◇◇◇◇◇◇◇◇◇◇◇◇◇◇◇◇◇◇◇◇◇◇◇◇◇◇◇◇◇◇◇◇◇◇◇◇◇

No hace falta tener mucha habilidad para pecar y cada vez es más fácil hacerlo.

Puede parecer que hacer lo incorrecto te confiere poder. Vestir como un rebelde parece ofrecer independencia, pero nunca es así.

La elección de pecar es realmente invitar a nuestro enemigo a influenciar decisiones futuras.

Dios sabe que la consecuencia final del pecado es la muerte, razón por la cual Él nos da acceso a la vida.

Somos restaurados en nuestra relación con Dios cuando nos volvemos de la fácil decisión de pecar a la opción de obedecer, que reafirma nuestra vida. El arrepentimiento requiere dar la espalda a la decisión de pecar.

En ocasiones queremos que se nos perdone, pero no dejar de seguir eligiendo las mismas opciones pecaminosas. Pedimos perdón a Dios, pero seguimos buscándolas y albergándolas.

La decisión de darse la vuelta puede parecer difícil. Tienes un apego emocional al pecado. Dios quiere que cambies tu mentalidad. El arrepentimiento es tu respuesta positiva a su deseo de restaurarte a la vida.

*Amado Dios, hay momentos en los que no quiero hacer
lo correcto. Es un mal lugar para estar y tú siempre me
has facilitado una salida. Tú ofreces perdón, pero quieres
que dé la espalda a la opción fácil y te siga. Ayúdame a
escuchar tu voz, leer tus Palabras y seguir tu plan. Amén.*

DIOS COMO PADRE

*Yo soy el Alfa y la Omega, el principio y el fin —
dice el Señor Dios—. Yo soy el que es, que siempre
era y que aún está por venir, el Todopoderoso.*
APOCALIPSIS 1.8 NVI

◇◇

Cuando pensamos en Dios como nuestro Padre, en muchas ocasiones lo comparamos de manera natural con nuestro propio padre. Pero nuestro padre terrenal no es perfecto y eso puede crear percepciones erróneas sobre Dios. ¿Cómo dice la Biblia que es Dios Padre?

Él es el creador de todas las cosas (ver Hechos 17.24-29) y el gobernador soberano de todas las naciones (ver 1 Timoteo 6.15). Es un juez santo que merece respeto y reverencia (ver 1 Pedro 1.15-17; Efesios 2.1-3). Exige justicia por nuestros pecados, pero también provee amorosa misericordia al ofrecer a su propio Hijo para cargar con nuestro castigo (ver Romanos 3.24-26). Él nos ama, se agrada en nosotros y nos llena de sus bendiciones (ver Efesios 1.3-14). Es fiel (ver 1 Corintios 1.9) y apasionado en cuanto a restaurar nuestra relación con Él (ver Juan 3.16).

¿Qué significa para ti el término *Padre*? ¿Cuánto afecta tu relación con tu padre terrenal a la que tienes con tu Padre celestial? ¿Está desequilibrada tu visión de Dios? Después de saber lo que la Biblia afirma acerca de Dios como Padre, ¿cómo debe cambiar tu percepción de Él?

*Dios Padre, tu papel como juez santo provoca que yo me
acerque a ti con respeto reverente. Pero tu compasión,
misericordia y amor me abruman. Eres fuerte y poderoso,
pero amas fervientemente. ¡Gracias por amarme! Amén.*

DIOS COMO HIJO

Cristo es la imagen visible del Dios invisible. Él ya existía antes de que las cosas fueran creadas y es supremo sobre toda la creación.
COLOSENSES 1.15 NTV

◇◇◇

¡Alabado sea Jesús! Sin Él, no tendríamos una imagen completa de Dios. Como parte de la Trinidad, Jesús existía antes de la Creación y era plenamente Dios aunque también se hizo totalmente humano (ver Filipenses 2.6-11). Pero el papel de Jesús es diferente que el del Padre.

Aunque el Padre es el autor de toda creación, creó por medio de Jesús, que sustenta toda vida (ver Juan 1.3; Colosenses 1.16-17; Hebreos 1.2-3). Por tanto, Jesús es supremo sobre toda creación (ver Colosenses 1.15, 18; Hebreos 1.6). Jesús es Emanuel, "Dios con nosotros" (ver Mateo 1.23) y el perdonador del pecado (ver Mateo 9.2; Lucas 7.48; Juan 3.18).

La santidad del Padre lo mantiene separado de nosotros. No podemos ver su rostro y vivir (ver Éxodo 33.20-23). Pero en su gracia y misericordia, Dios envió a su Hijo para que podamos ver su rostro y recibir el perdón de nuestros pecados. Dios ya no está separado de nosotros, sino que por medio de Jesús (¡Emanuel!), se encuentra ahora entre nosotros y podemos conocerlo realmente. ¡Esto merece definitivamente alabanza!

Jesús, ¡guau! ¡Eres asombroso! Tú lo creaste todo y sustentas los mecanismos del universo. Te hiciste humano para que Dios pudiera vivir entre nosotros y pudiéramos ser perdonados y restaurados al Padre. ¡Gracias, Dios, por revelarte a nosotros! Amén.

"A ustedes yo les enviaré al Abogado Defensor, el Espíritu de verdad. Él vendrá del Padre y dará testimonio acerca de mí".
JUAN 15.26 NTV

De todos los miembros de la Trinidad, el Espíritu Santo es quien provoca más controversia entre los cristianos. Algunos lo pasan completamente por alto y minimizan su poder y presencia. Otros exageran su poder y lo colocan en una posición de preeminencia sobre el Padre y el Hijo. ¿Qué dicen las Escrituras acerca de este tercer miembro de la Trinidad?

Jesús envió al Espíritu Santo para que no quedáramos abandonados como huérfanos cuando ascendió al cielo (ver Juan 14.18). Ahora Dios no está simplemente *con* nosotros, ¡sino *en* nosotros (ver Juan 14.17; Romanos 8.11; 1 Corintios 6.19)! Como nuestro abogado, nos consuela, anima y aconseja (ver Hechos 9.31; Juan 14.16, 15.26). Cuando no sabemos cómo orar, el Espíritu Santo lo hace por nosotros (ver Romanos 8.26). Él nos identifica como hijos de Dios y nos garantiza la salvación eterna (ver Efesios 4.30).

Por medio del Espíritu Santo, la presencia de Dios está con nosotros todo el tiempo, nos enseña, guía, convence y alienta. ¡Jesús nos reveló a Dios y ahora el Espíritu Santo permite que Dios viva en nuestro interior!

Espíritu Santo, gracias por no abandonarme nunca. Estoy muy feliz de que permanezcas en mí, me guíes, aconsejes y alientes. Continúa cambiándome y haciéndome más como Jesús. Amén.

*Si necesitan sabiduría, pídansela a nuestro generoso
Dios, y él se la dará; no los reprenderá por pedirla.*
SANTIAGO 1.5 NTV

Algunas decisiones resultan fáciles de tomar. Si te ofrecen dos frutas diferentes, por ejemplo, y tienes preferencia por una de ellas, eliges tu favorita. Si un amigo te insta a robar algo, no tienes que pensar demasiado sobre ello. Dejas el artículo en su sitio y consideras detenidamente la relación que tienes con tu amigo.

Conforme vas creciendo surgen más preguntas. ¿Qué universidad elegirás? ¿Con qué chica te casarás? ¿Debería comprarme un deportivo o una monovolumen?

Las preguntas difíciles de hoy tienen que ver con los amigos, el carácter, la integridad y con tratar de entender cuál de tus elecciones es buena y cuál es la mejor.

Pon estas decisiones en manos de Dios y pídele sabiduría. Él es generoso y te proveerá una respuesta, aunque no sea la que tú querías. Dios no nos dice simplemente lo que queremos oír, sino lo que necesitamos oír. Empieza siempre buscando respuestas en la Biblia. Él ya sabía que preguntarías. .

*Amado Dios, es bueno saber que sirvo a un Dios que quiere
lo mejor para mí. Es maravilloso que tú nunca apartes de mí la
sabiduría. Todo lo que tengo que hacer es preguntar. Ayúdame
a no olvidar nunca este paso. Ayúdame a buscar tus soluciones
en las palabras que has colocado en la Biblia. Amén.*

Y manifiestas son las obras de la carne, que son: adulterio, fornicación, inmundicia, lascivia, idolatría, hechicerías, enemistades, pleitos, celos, iras, contiendas, disensiones, herejías, envidias, homicidios, borracheras, orgías, y cosas semejantes a estas; acerca de las cuales os amonesto, como ya os lo he dicho antes, que los que practican tales cosas no heredarán el reino de Dios. Mas el fruto del Espíritu es amor, gozo, paz, paciencia, benignidad, bondad, fe, mansedumbre, templanza; contra tales cosas no hay ley.

GÁLATAS 5.19-23 RVR1960

En este pasaje, Pablo contrasta intensamente la naturaleza pecaminosa con los frutos del Espíritu. Todo el mundo puede explicar la diferencia entre odio y amor, ira y benignidad, emborracharse y tener dominio propio. Cuando nos convertimos en «nuevas criaturas» (ver 2 Corintios 5.17) en Cristo, la naturaleza pecaminosa debería desaparecer cada vez más mientras el fruto del Espíritu se hace más evidente. De la misma manera que este contrasta marcadamente con los actos de la naturaleza pecaminosa, los cristianos deben destacar en el mundo.

Lee de nuevo el pasaje de las Escrituras de hoy. ¿Qué descripciones de la naturaleza pecaminosa sobresalen especialmente para ti? ¿Qué fruto del Espíritu ves en tu vida? ¿Cuáles deben ser más evidentes?

Oh, Dios. Sigo permitiendo que mi ser pecaminoso gobierne por medio de _____. Por favor perdóname y obra en mi corazón y vida para ser más _____. Conforme tú transformas mi vida, oro para contrastar de forma marcada en el mundo con mi conducta de manera que los demás puedan verte en mí. Amén.

QUEMADO

*Venid a mí todos los que estáis trabajados y
cargados, y yo os haré descansar.*
MATEO 11.28 RVR1960

¿Te sientes en ocasiones simplemente… quemado? ¿Sin gasolina? Los
deberes, los entrenamientos, las obligaciones sociales, correr aquí,
correr allá. Solo quieres meterte en la cama, meterte debajo de las
sabanas y dormir durante todo un fin de semana.

Sentirse quemado es una buena señal de que se necesita
descanso, de que estás cargando con demasiadas cosas. Si vamos
acelerados por la vida con nuestra propia gasolina, nos agotaremos.
Necesitamos pasar tiempo repostando con Dios. Incluso Jesús se
retiró de su ajetreado ministerio para pasar tiempo descansando y
repostando con el Padre. Lucas 5.16 dice: «Mas él se apartaba a
lugares desiertos, y oraba» (RVR1960). ¿Captaste eso? Jesús buscaba
a menudo pasar tiempo a solas.

¿Con cuánta frecuencia te tomas un respiro para estar solo y
refrescarte espiritualmente? Si necesitas algo de gasolina, energía en
tu camino, haz una parada en boxes y deja tus cargas a los pies de
Jesús. Él llenará tu tanque y te dará la fuerza y energía necesarias
para hacer frente a tu día.

*Jesús, estoy tan cansado. No he sido muy bueno en ir a ti en busca
de aliento y descanso. Paso mi tiempo libre delante del televisor o
con mi teléfono, pero eso no me llena realmente el espíritu. Ayúdame
a volverme a ti en busca del reposo que necesito realmente. Amén.*

Volveos sabios caminando con los sabios; mezclaos con los insensatos y ved como vuestra vida se hace pedazos.
PROVERBIOS 13.20 [TRADUCCIÓN LITERAL DE LA VERSIÓN THE MESSAGE]

Si alguien muestra interés en las cosas que te interesan, ¿debería ser eso suficiente para indicar que será un buen amigo o amiga? Bueno, es un comienzo.

Dios sabe que nuestros amigos tienden a ayudarnos o hacernos daño la mayor parte del tiempo que pasamos con ellos. Por ejemplo, si tienes amigos que aman a Jesús, trabajan duro, tienen buenos modales y tienen un gran sentido del humor, verás que te animarás a parecerte a ellos. Si un amigo tuyo no tiene interés en Dios, hace que otras personas lleven a cabo su trabajo, no reacciona bien ante la autoridad y es extremadamente sarcástico, ser como esa persona no suena como una buena idea.

Nos convertimos más en la persona para lo que Dios nos diseñó cuando invertimos tiempo en amistades que nos animan a realizar cosas buenas. Cuando nos mezclamos con los que insisten en meterse en problemas, es muy posible que nos volvamos más como ellos en lugar del hombre que Dios quiere que seamos.

Amado Dios, elegir amigos es algo que te tomas muy en serio. Cuando escojo un amigo que no quiere seguirte es más fácil pensar que mi compromiso contigo podría haber sido una decisión equivocada. Los buenos amigos dan lugar a lo mejor. Ayúdame a encontrar esa clase de amigo. Amén.

SACRIFICIO DE ALABANZA

¡Den gracias al Señor, porque él es bueno! Su
fiel amor perdura para siempre.
SALMOS 118.1 NTV

En la iglesia, enfocamos a menudo la adoración de la misma manera
que el sermón: ¿Qué puedo obtener de ella? Si no salimos animados
y refrescados espiritualmente tras nuestro tiempo de cánticos,
sentimos que el intento ha sido un fracaso. Pero la adoración no es
para *nosotros*. Es para *Dios*. Lo adoramos porque Él merece nuestra
alabanza.

La adoración es como escribir notas de agradecimiento. No
escribes gracias para sentirte mejor; lo haces para expresar un
agradecimiento honesto y auténtico por un regalo que has recibido.
Quizás no te apetezca sentarte y escribir una nota, pero lo haces
igualmente porque la persona merece tu reconocimiento y aprecio.

Algunos días es más fácil alabar a Dios que otros. Algunos
días nos sentimos realmente cerca de Él y otros parece que ofrecer
cualquier alabanza o agradecimiento se desvanece en un vacío.
Independientemente de nuestros sentimientos, necesitamos participar
en la adoración y dar gracias genuinamente a Dios por su bondad,
amor y bendiciones en nuestra vida.

Hoy, en lugar de pasar la mayor parte de nuestro tiempo de
oración pidiendo cosas a Dios, inviértelo en darle gracias y alabarle
por quién es y por lo que ha hecho por ti.

Señor, tú eres muy bueno. Me sorprendes continuamente con regalos
amorosos y eres muy fiel para proveer, en todo momento. Te alabo
por ser soberano y sabio, por ser justo pero misericordioso. Amén.

*Día y noche tu mano de disciplina pesaba sobre mí; mi
fuerza se evaporó como agua al calor del verano. Finalmente
te confesé todos mis pecados y ya no intenté ocultar mi
culpa. Me dije: «Le confesaré mis rebeliones al Señor», ¡y
tú me perdonaste! Toda mi culpa desapareció.*
SALMOS 32.4-5 NTV

Comenzó un nuevo curso escolar y me vi pasando tiempo con una nueva multitud de personas. No eran cristianos y empecé a ceder en pequeñas cosas, de repente hacía y decía cosas nunca habría dicho ni hecho normalmente. Sabía que eso no estaba bien; me sentí culpable inmediatamente. Pero me obligué a ignorarlo y seguí cambiando mi conducta para encajar con estos nuevos amigos.

Pero la culpa y la condena nunca se marchan. Por mucho que intentes ignorarlas, sigues sintiéndolas. Te pesan. Socavan tu gozo y felicidad hasta que todo lo que sientes es presión. Me sentía tan miserable que finalmente confesé mu rebelión a Dios. ¡Me quité un peso de mi espíritu y me sentí libre!

No fue fácil enfrentarse al rechazo de mis nuevos amigos una vez que dejé de imitar su estilo de vida, pero merecía la pena. Yo era libre de la culpa. El gozo y paz de estar bien con Dios superaba con creces a las amistades temporales y destructivas que había hecho.

*Gracias, Señor, por convencerme y no dejarme
solo hasta que esté bien contigo. Amén.*

*Y el Rey dirá: «Les digo la verdad, cuando hicieron
alguna de estas cosas al más insignificante de
estos, mis hermanos, ¡me lo hicieron a mí!.*
MATEO 25.40 NTV

Todos preferimos permanecer en nuestra zona de confort y
relacionarnos con quienes son como nosotros o a quienes nos
gustaría parecernos. Pero Jesús nos dice que cuando amamos a los
que están en necesidad, estamos sirviendo y dando directamente a
Jesús. ¿A quién ves todos los días en los pasillos de la escuela o en tu
vecindario, necesitado de un poco de amor y ayuda? ¿Cómo puedes
llegar a estas personas? ¿Podrías entablar amistad con quienes no
tienen amigos? ¿Comprar alimentos para alguien que los necesite?
¿Tienes ropa que no te pones y que podrías donar?

Tanto si pasas tiempo con un grupo de amigos hermético
como si deseas tener más, el versículo de hoy se aplica a ti. No
seas tan cerrado en tus amistades que pases por alto o excluyas a
otras personas que necesitan desesperadamente un amigo. Si estás
buscando más amigos, acércate a alguien a quien normalmente
podrías ignorar. No hay mejor forma de amar a Jesús que amar a
los que no reciben amor o los fácilmente ignorados.

*Dios, abre mis ojos a las personas a mi alrededor que necesitan
tu amor hoy. Muéstrame cómo puedo servirte sirviendo a las
personas ignoradas y «sin importancia» que veo cada día. Amén.*

Tengan cuidado con los que causan divisiones y trastornan la
fe de los creyentes al enseñar cosas que van en contra de las
que a ustedes se les enseñaron. Manténganse lejos de ellos.
ROMANOS 16:17 NTV

Plantear buenas preguntas es una señal de una gran mente. Quieres aprender porque la verdad es importante para ti. Los agitadores *también* hacen preguntas, pero de una manera que provoca dudas acerca de ella. Tú sabes que Dios te ama, pero un agitador podría decir: «¿De verdad que Dios te ama?». Si quiere que hagas algo que sabes es incorrecto, podría decir: «¿Cómo se van a enterar tus padres? De mi boca no va a salir nada».

Las preguntas pueden ser atrevidas y confrontadoras, pero habitualmente existen muchas más pequeñas que dan lugar a cambios sutiles en nuestra visión de la verdad.

Las preguntas de un agitador nunca llevan a una mejor conexión con la verdad de Dios. Siempre desembocan en desconfianza y una creencia de que nadie puede conocer la verdad real acerca de Dios y lo que Él quiere. Si aquí es donde te ves, por favor recuerda que Dios nos dio sus palabras en la Biblia. En ella reside la verdad.

Amado Dios, tú eres el autor de la verdad. Tú creaste leyes
que permiten a la humanidad existir y prosperar. Nos
diste leyes que nos ayudan a cultivar una relación contigo.
También afirmas que tu verdad trae libertad. Ayúdame a
mantenerme cerca de la libertad de la verdad. Amén.

PALABRAS AMABLES

Las palabras amables son como la miel: dulces
al alma y saludables para el cuerpo.
PROVERBIOS 16.24 NTV

No es difícil decir cosas hirientes, especialmente a las espaldas de alguien o posteando en internet o en un texto. Es incluso más fácil ser mezquino y dañino cuando alguien se ha comportado mal contigo. ¿Por qué ser bueno si él empezó? Pero lo que sale de tu boca muestra lo que hay dentro de tu corazón. Si pronuncias palabras dañinas y odiosas, ¿qué dice eso sobre la condición del mismo?

Las palabras amables se extienden como la miel, alimentan al desnutrido y refrescan el alma. Cuando la bondad de tu corazón sale genuinamente en palabras agradables *para* y *sobre* los demás, estas no solo refrescarán el alma hambrienta de las personas, sino que te sentirás mejor también por no jugar sucio con la ira y el chismorreo. La miel es dulce al paladar y sana para el cuerpo. De igual manera, las palabras amables benefician a los demás así como a quienes las emplean.

¿Quién provoca que sus acciones te tienten a hablar palabras hirientes? ¿Un hermano, un padre, un amigo? ¿Cómo puedes hablarles palabras de exhortación? ¿Qué palabras les mostrarían bondad?

Señor, cuando estoy enojado, por favor ayúdame a
tranquilizarme antes de decir cosas mezquinas o hirientes.
Ayúdame a no involucrarme en el chismorreo. Por favor
cambia mi corazón y hazlo puro de manera que pueda amar
genuinamente y hablar palabras amables a los demás. Amén.

No os pongáis vosotros delante; no engatuséis para llegar a la cima. Haceos a un lado y ayudad a los demás a salir adelante. No os obsesionéis con obtener vuestro propio provecho. Olvidaos de vosotros mismos lo suficiente como para echar una mano a otros.
FILIPENSES 2.4 [TRADUCCIÓN LITERAL DE LA VERSIÓN THE MESSAGE]

La Biblia define la *ambición egoísta* como las «obras de la carne». Esta es la clase de ambición que no se satisface con seguir los sueños personales para un futuro mejor. Es la clase de ambición que organiza una fiesta cuando aplasta con éxito los sueños de los demás.

Estos individuos pueden parecer acosadores u obrar entre bambalinas para provocar que alguien fracase. Tienen su propia agenda e incluyen en ella a todo el que puedan para aplastar la titilante vela de la esperanza en su corazón.

Estas personas hacen escasos amigos, pero la Palabra de Dios nos recuerda con un lenguaje atrevido que Él quiere que actuemos de manera diferente. Deberíamos ser suficientemente humildes para ayudar realmente a que alguien cumpla sus sueños. No deberíamos manipular las circunstancias para obtener una ventaja ni pensar en absoluto en nosotros. Piensa en las personas a tu alrededor hoy. ¿Qué puedes hacer para ayudarles a alcanzar una buena meta?

Amado Dios, cuando soy egoístamente ambicioso me vuelvo despiadado para obtener lo que quiero. Tú llamas a eso la obra de la carne porque no es algo que tú harías. En ocasiones nos permites ir por nuestro propio camino. Siempre acaba mal. Ayúdame a olvidarme de mí mismo «lo suficiente para echar una mano». Amén.

*Amontona tus problemas sobre los hombros de
Dios, Él llevará tu carga, Él te ayudará.*
SALMOS 55.22 [TRADUCCIÓN LITERAL DE LA VERSIÓN THE MESSAGE]

¿Cuánto es demasiado? ¿Cuán ocupado es demasiado ocupado? La respuesta es diferente para cada persona, pero conocer tus límites es útil. Puedes crearte problemas si te mantienes demasiado ocupado o tratas de acometer demasiadas cosas.

Lo peor que puedes hacer es rechazar la ayuda de Dios. Él asumirá tanto estrés y ansiedad como estés dispuesto a darle. Nunca se alejará de ti diciendo: «Me tomo un respiro en lo de llevar tus cargas. Estoy realmente cansado de los problemas que me causas. Inténtalo de nuevo más tarde». Dios es paciente. Su amor significa que se puede depender totalmente de Él. Él declaró que llevaría nuestra carga y lo hará.

Hacemos un par de cosas realmente estúpidas. Primero intentamos llevar nuestra propia carga, al pensar que somos suficientemente fuertes. Segundo, tratamos de gestionar los problemas por nosotros mismos porque no queremos molestar a Dios. Es como tener un camión disponible para transportar una carga de ladrillos, pero acarrearlos nosotros porque no queremos pulsar el botón de arranque. El propósito de los camiones es transportar ladrillos. El de Dios es llevar nuestras cargas. La decisión es fácil. Entrega las cargas.

*Amado Dios, tú quieres que yo entregue el estrés que
me deja en mal lugar. Ayúdame a decir no cuando sea
necesario y permitir que tú lleves el peso de todas esas
cosas que yo no puedo manejar o controlar. Amén.*

Pero yo les digo: Amen a sus enemigos y oren por quienes los persiguen, para que sean hijos de su Padre que está en el cielo.
MATEO 5.44-45 NVI

Todos conocemos personas que no nos gustan, y personas que *verdaderamente* no nos gustan. Podrías incluso calificarlas como enemigos. Sea un rival de mucho tiempo, un acosador en la escuela o alguien que siempre te trata mal, es fácil responder al odio con odio.

En tiempos de Jesús se aceptaba, como en los nuestros, que se amara a los amigos y se aborreciera a los enemigos. Pero Jesús toma lo aceptado y lo cambia radicalmente al decir que no solamente deberíamos amar a nuestros amigos, sino también a nuestros enemigos. Y de la misma manera que oramos por nuestros amigos, deberíamos hacer lo propio por nuestros enemigos. No más oraciones rencorosas pidiendo justicia y vindicación, sino amorosas y bondadosas por las personas que nos tratan mal.

Si odiamos a nuestros enemigos, somos simplemente como todos los demás. ¡Y se supone que no debemos ser como ellos! Dios quiere que seamos distintos del mundo y que llevemos a otros a Jesús por medio de lo que creemos, pensamos, decimos y hacemos.

Así pues, ¿por qué enemigo puedes orar hoy?

Jesús, no es fácil devolver bondad por odio y oraciones por dolor. Pero tú sabes eso. Te trataron horriblemente durante tu ministerio y tú amaste y perdonaste. Ayúdame a tener tu Espíritu y fuerza para hacer lo mismo. Amén.

EL RASERO DE LA ARROGANCIA

Le advierto a cada uno de ustedes lo siguiente: ninguno se crea mejor de lo que realmente es. Sean realistas al evaluarse a ustedes mismos, háganlo según la medida de fe que Dios les haya dado.
ROMANOS 12.3 NTV

¿Sabías que Dios habla sobre los raseros? ¿No? Él nos advierte en contra de medirnos con los demás. ¿Por qué? Él sabe que tenemos la tendencia de acabar pensando que somos mucho mejores o mucho peores dependiendo de quién tengamos en mente.

Ese tipo de comparación nos deja un sentimiento de depresión o arrogancia. Hacemos algunas cosas mejor que otras personas y de repente sentimos que Dios tiene mucha suerte de tenernos en su equipo. Buscamos las faltas de los demás y las encontramos rápidamente. De pronto somos incluso mejores de lo que pensábamos porque no hacemos las mismas cosas pecaminosas que ellos hacen. Nuestros raseros funcionan correctamente.

Dios quiere que dejemos de intentar medir la vida de otra persona. Desea que desterremos la arrogancia y admitamos que si nos medimos según su estándar perfecto, fracasamos. Cuando veamos realmente nuestra imperfección deberíamos dejar humildemente de lado los raseros.

Amado Dios, ayúdame a ver que tú mides mi vida con el rasero del rescate que Jesús pagó por mi pecado en la cruz. Recuérdame que no hay lugar para la arrogancia en alguien que nunca ha sido perfecto. Amén.

Si me aman, obedezcan mis mandamientos.
JUAN 14.15 NTV

Muchas personas afirman amar a Dios. Pero no todo el que lo hace le obedece y hace lo que Él ordena. ¿Puedes amar a Dios y ser desobediente? No.

Tu obediencia a Dios *demuestra* tu amor por Él. Si amas a Dios, le escucharás. Si no lo haces, le desobedecerás y harás lo que te dé la gana. No puedes amar a Dios y rebelarte contra Él al mismo tiempo. Esta es la razón por la que Jesús dijo: «¿Por qué siguen llamándome "¡Señor, Señor!" cuando no hacen lo que digo?» (Lucas 6.46 NTV).

Es natural que deseemos agradar a quienes amamos. Duele cuando sabemos que hemos herido o decepcionado a quien nos importa. Así que nos esforzamos para demostrar nuestro amor en formas que agraden a la otra persona. Puede que no nos *guste* fregar los platos, pero sabemos que eso bendice realmente a mamá. Es posible que no nos guste el baloncesto, pero asistimos a un partido igualmente porque a nuestro amigo le encanta. De igual modo, nuestra obediencia a Dios le muestra cuánto le amamos y queremos agradarle.

Las acciones ganan siempre a las palabras. ¿Cuán bien estás amando a Dios?

Señor, por favor perdóname por desobedecerte en ocasiones.
Quiero seguirte verdaderamente y hacerte Señor de mi vida.
Ayúdame a vivir en obediencia de manera que mi amor
por ti sea notorio y mi vida te sea agradable. Amén.

*Queda claro que no es mi intención ganarme el favor
de la gente, sino el de Dios. Si mi objetivo fuera
agradar a la gente, no sería un siervo de Cristo.*
GÁLATAS 1.10 NTV

Pablo se enfrentó a los creyentes en Galacia por seguir una versión distorsionada del Evangelio que no era en absoluto el mensaje verdadero (ver v. 6). Pablo declaró que solo hay un mensaje cierto, el camino de Jesús, pero las personas estaban confundiéndolo, cambiándolo y provocando que se apartaran de la auténtica verdad (ver v. 7). Así pues, Pablo ordenó rotundamente el castigo de quienes cambiaron el mensaje de Dios (ver vv. 8-9).

¡Pablo se metió claramente en un terreno minado! Sabía que sus palabras podían ofender a algunas personas, pero no le importó (ver v. 10). Él no estaba ahí para conseguir la aprobación de las personas. Únicamente quería agradar a Dios.

¿Qué verdades en la Palabra de Dios te resultan difíciles de asimilar? ¿Te ves intentando ser «tolerante» y suavizando el mensaje de Dios para este sea más cómodo para ti y los demás en nuestra cultura? ¿Tienes miedo de ofender a otros al compartir la verdad de Dios?

¿A quién estás tratando de agradar? ¿A otros o a Él?

*Dios, ayúdame a compartir con valentía la verdad en
amor. Ayúdame a ser sensible con los demás, pero no
apartarme de lo que sé es cierto en tu Palabra. Sé que
ofenderé a personas en ocasiones, pero no quiero agradar
a los demás. Solo quiero agradarte a ti. Amén.*

*Estén siempre preparados para responder a todo
el que les pida razón de la esperanza que hay en
ustedes. Pero háganlo con gentileza y respeto.*
1 Pedro 3.15 NVI

Pedro era un discípulo de Jesús. Era impulsivo. Actuaba irreflexivamente. Eso le creaba problemas.

Uno de sus momentos «incómodos» llegó unas horas antes de la muerte de Jesús. Pedro estaba entre la multitud con la esperanza de ver a Jesús. En tres ocasiones le preguntaron si era seguidor de este. Él respondió que no. El hombre que escribió las palabras «estén siempre preparados para responder a todo el que les pida razón de la esperanza que hay en ustedes» no dio una respuesta verdadera esa noche.

Jesús perdonó a Pedro. Le dijo que sería usado para comenzar la iglesia. Las lecciones que Pedro aprendió le ayudaron a entender que merece la pena compartir la esperanza que tenemos y que no existe razón para sentirse avergonzado. Las personas quieren saber qué nos hace diferentes. Deberíamos dejar de ocultar los muchos dones que Dios nos ha ordenado distribuir. El mayor de todos ellos es el amor.

Amado Dios, tú no quieres que yo responda como Pedro, pero estoy bastante seguro de que lo he hecho. Cuando los demás pregunten si te conozco, es fácil decir que no. Yo te sigo y merece la pena compartirte. Otras personas necesitan saber que tú siempre eres el mejor titular del día. Amén.

*La fe es la confianza de que en verdad sucederá lo que esperamos;
es lo que nos da la certeza de las cosas que no podemos ver.*
HEBREOS 11.1 NTV

«¡Señor, no lo comprendo! ¿Por qué ocurrió esto? ¡Simplemente no lo entiendo!».

¿Has tenido alguna vez estos pensamientos? Todo el mundo lo hace. Pueden venir acompañados de ira, pesar, decepción o incluso un sentimiento de rebelión que te impulse a querer dar la espalda a Dios. Pero las circunstancias que provocan estos pensamientos son las que ponen a prueba y demuestran tu confianza en Él. *Fe* es creer en la bondad, amor y soberano control de Dios... pase lo que pase. Es estar *seguro* del buen carácter de Dios, incluso cuando no puedas verlo. Es tener la *certeza* de que Dios te ama y cuida de ti, aunque lo sientas distante y silencioso e incluso como si ni siquiera estuviera ahí. La fe declara: «Aun cuando no entienda, yo te elegiré, Dios. Confiaré en ti, pase lo que pase».

¿Tiene Dios tu fe plena? ¿Puedes confiar en Él, pase lo que pase?

*Soberano Dios, quiero creer en ti. Deseo confiar en que
tienes buenos planes y algo positivo saldrá de todo este mal.
Así que pongo mi fe en ti y elijo creer en tu bondad y amor.
A pesar de mis circunstancias, elijo confiar en ti. Amén.*

*Después vi un cielo nuevo y una tierra nueva, porque el primer cielo
y la primera tierra habían dejado de existir... Oí una potente voz
que provenía del trono y decía: "¡Aquí, entre los seres humanos,
está la morada de Dios! Él acampará en medio de ellos... Él les
enjugará toda lágrima de los ojos. Ya no habrá muerte, ni llanto, ni
lamento ni dolor, porque las primeras cosas han dejado de existir".*
APOCALIPSIS 21.1-4 NVI

En el centro de la fe cristiana se encuentra la creencia de que
pasaremos la eternidad con Dios si confesamos nuestros pecados y
depositamos nuestra fe en Él. Pero, ¿con cuánta frecuencia pensamos
realmente en la esperanza del cielo? ¿O lo imaginamos? ¿O
estudiamos qué dice la Biblia sobre él? La mayor parte del tiempo, el
cielo es esa vaga esperanza de que nos uniremos con Dios «en algún
lugar por ahí arriba» cuando muramos.

¡Pero la eternidad con Dios es algo que entusiasma! Apocalipsis
21 afirma que Dios vivirá entre nosotros, ¡lo veremos realmente
(ver v. 3)! No habrá sol ni luna porque la gloria de Dios será lo
suficientemente brillante como para proveer toda la luz (ver v. 23).
La luz de Dios resplandecerá eternamente y nunca habrá noche (ver
v. 25). No habrá dolor ni muerte, ni vergüenza, ni engaño (ver
vv. 4, 27), solo felicidad, gozo y perfección.

¡Imagínate!

*Señor, la esperanza del cielo me abruma. ¡Gracias por
salvarme! No puedo esperar a vivir contigo. Amén.*

Piensen en las cosas del cielo, no en las de la tierra.
COLOSENSES 3.2 NTV

Me gusta salir y caminar o hacer senderismo. Pero muy a menudo mi mirada se fija en mis pies y el camino que tengo justo por delante. Tengo que obligarme a levantar los ojos y recordarme admirar la belleza del entorno mientras camino.

La vida también es así. Resulta fácil mantener los ojos centrados en lo inmediato, los deberes del colegio, el rendimiento deportivo, sentirme aceptado, la frustración con mis padres, etc. Es difícil mirar más allá de mañana, ¡no digamos ya del instituto! Pero Dios quiere que levantes los ojos y mires hacia arriba, hacia Él. Quiere que mires más allá de tus circunstancias presentes y recuerdes qué es verdaderamente importante: la vida eterna con Él.

Así pues, suelta tus preocupaciones, realinea tus prioridades y deja atrás las cosas temporales de la tierra. Mantén tus ojos y tu mente centrados en lo que verdaderamente perdura. Mira hacia arriba y observa la belleza de Dios a tu alrededor en lugar de fijarte solamente en el insulso camino que tienes delante.

Gracias, Padre, por la esperanza del cielo. Por la promesa de que algún día todo será perfecto y el estrés, la preocupación y el dolor que experimento en la tierra habrán desaparecido. Ayúdame a levantar mis ojos y pensamientos hacia ti y ser lleno de gozo, paz y esperanza. Amén.

No devuelvas el golpe; descubre la belleza en todo el
mundo. Si la tienes en tu interior, llévate bien con todos.
No insistas en ajustar cuentas; eso no te corresponde a
ti. "Yo juzgaré", dice Dios. "Me ocuparé de ello".
ROMANOS 12.17-19 [TRADUCCIÓN LITERAL DE LA VERSIÓN THE MESSAGE]

Quizás hayas oído de los Hatfield y los McCoy. Estas dos familias vivían en Virginia y Kentucky en 1863. Empezaron una guerra y nunca pudieron acabar con ella. Lucharon y se mataron entre sí, y las rencillas continuaron durante generaciones.

Podemos actuar como estas dos familias. Alguien nos hace daño y nosotros devolvemos el golpe. Pronto nadie recuerda la paz.

Dios quiere que nos llevemos bien con los demás con toda nuestra capacidad. No quiere que ajustemos cuentas, sino que perdonemos. La mejor noticia es que Él promete ocuparse del asunto.

Los demás no serán perfectos, pero Dios desea que encontremos algo bueno en ellos.

Cuando intentas ajustar cuentas no hay ganadores. Cuando ofreces amor, ocurre algo maravilloso. Dios influencia dos corazones, uno de los cuales es el tuyo.

Amado Dios, es difícil entender por qué querrías que yo permitiera
que me ofendan, pero esta es tu sabiduría sobre el tema. Tú
compensas cualquier dificultad que yo afronte ofreciendo
amor, aceptación y fuerza para el desafío de la injusticia. Eres
mucho mejor juzgando de lo que yo nunca seré. Amén.

Si se nos arroja al horno en llamas, el Dios al que servimos puede librarnos del horno y de las manos de Su Majestad. Pero, aun si nuestro Dios no lo hace así, sepa usted que no honraremos a sus dioses ni adoraremos a su estatua.
DANIEL 3.17-18 NVI

En ocasiones, ser cristiano tiene consecuencias. La gente puede burlarse de ti, acosarte o etiquetarte como *raro*. A veces no podrás hacer lo mismo que tus amigos. Y en muchos casos, especialmente en otros países, ser cristiano puede significar sufrir violencia física.

Dios puede salvarnos y protegernos de estas consecuencias. Pero, ¿y si no lo hace? Sadrac, Mesac y Abednego entendían que Dios era suficientemente poderoso para salvarlos de cualquier persecución que pudieran afrontar. Pero también sabían que Él no siempre nos «libra» de la manera que esperamos y permite que nos enfrentemos a consecuencias y suframos dolor.

¿Es tu fe tan fuerte como la Sadrac, Mesac y Abednego? ¿Estás decidido a obedecer a Dios, aunque no te mantenga lejos del dolor? ¿Estás comprometido a seguirle pase lo que pase?

Jesús, ayúdame a no rendirme cuando sienta presiones para ir contra ti. Ayúdame a mantenerme fuerte en mi fe y tener la valentía para enfrentarme a todo lo que acontezca. Amén.

*Pero yo siempre estoy contigo, pues tú me sostienes
de la mano derecha. Me guías con tu consejo, y
más tarde me acogerás en gloria.*
SALMOS 73.23-24 NVI

En ocasiones, la vida simplemente no parece ser justa, ¿verdad? Los incrédulos parecen tener una vida mejor y menos preocupaciones. Los idiotas se ven favorecidos mientras que a los buenos se les pasa por alto. Los estafadores salen adelante mientras que los que respetan las reglas sufren. Así no es justo.

Asaf, el escritor del salmo 73, luchaba con la misma queja. Envidiaba a los incrédulos porque su vida parecía bendecida (ver vv. 2-14). La injusticia lo angustiaba en gran manera hasta que se dio cuenta del destino final de esas personas (ver v. 17). Vivían en un terreno resbaladizo (ver v. 18) y su juicio final sería rápido y duro (ver vv. 19-20). Asaf fue consciente de que aunque la vida puede no desarrollarse de manera justa, es mucho mejor estar cerca de Dios (ver v. 28).

Ser cristiano no significa que la vida será más fácil o perfectamente justa. Sufriremos. Las circunstancias no serán justas. A veces los chicos malos ganarán... por ahora. Pero tenemos a Dios de nuestro lado y su presencia en nuestra vida. Él lo hará que todo esté bien al final.

*Dios, la injusticia me vuelve loco. Odio que los chicos
malos ganen. Pero me consuela que tú estés siempre con tu
pueblo. Tú nunca nos dejas y tenemos vida eterna contigo.
Gracias porque tu justicia vencerá al final. Amén.*

TRAICIÓN A UNO MISMO

Porque donde esté tu tesoro, allí estará también tu corazón.
MATEO 6.21 NVI

Tu corazón es la cosa más honesta pero al mismo tiempo taimada que tienes. Entiende qué es importante para ti aunque tu mente lo niegue. Trata de mantener algo oculto y tu corazón te traicionará. Si piensas que una chica es bonita, este lanza un mensaje a tu rostro. El resultado puede ser embarazoso.

Da a tu corazón sabiduría piadosa y él te alentará a una vida piadosa. Invierte tiempo en lo que Dios nos dijo que evitáramos y el corazón puede volverse desesperadamente malvado. Tus acciones siempre demostrarán un cambio en las prioridades.

Cuando tu mente no pasa tiempo con Dios, tu corazón evalúa y recalcula qué es realmente importante para ti y hace de esta nueva preferencia su mayor tesoro. Quizás no desees este cambio. Es posible que no quieras tener un enfoque diferente del de Dios. Puedes incluso negar la existencia del cambio, pero el corazón es lo suficientemente honesto como para evaluar tus prioridades reales y manifestar lo que hay en tu mente.

Discute con el corazón todo lo que quieras, pero para que este mantenga a Dios en el primer lugar, tu mente debe hacer lo propio.

Amado Dios, protege mi corazón. Ayúdame a hacer más que solo decir las palabras correctas. Une mi mente y mi corazón de manera que cuando otras personas estén bastante tiempo cerca de mí, puedan ver que tú eres realmente la parte más importante de mi vida. Necesito que tú seas mi mayor tesoro. Amén.

Y que la paz que viene de Cristo gobierne en sus corazones.
Pues, como miembros de un mismo cuerpo, ustedes son
llamados a vivir en paz. Y sean siempre agradecidos.
COLOSENSES 3.15 NTV

Cuando tienes que tomar una decisión, todo el mundo te dice que
«ores por ello». Pero, ¿qué significa eso? Bien, entonces pregunto a
Dios qué quiere Él que yo haga... ¿y después qué?

Después esperas que llegue un sentimiento de paz.

La Palabra de Dios insta a permitir que la paz sea nuestro
árbitro. Cuando se te lanza una oportunidad o decisión, Dios
estás detrás de ti como árbitro. Él te indicará si golpear o no esa
bola mediante la paz que sientas. ¿Qué decisión te hace sentir
cien por cien en paz, sin dudas, sin preguntas perturbadoras, sin
cuestionamientos? Solo una tranquila sensación de idoneidad. Así es
como sabes lo que Dios quiere que hagas.

¡Cualquier decisión que no te produzca paz significa que no es
la correcta! Dios quiere que la dejes a un lado o la pases por alto
porque algo mejor te va a llegar o quizás porque no sea el momento
correcto.

¿A qué decisiones te estás enfrentando hoy? ¿Qué te está
indicando hacer tu sentimiento de paz?

Dios, gracias por permitir que la paz sea mi árbitro y
guiarme acerca de lo que hacer. Ayúdame a sentir con
fuerza tu paz cuando tomo decisiones. Amén.

"Dicho de manera simple, si no estáis dispuestos a tomar lo que más queréis, sean planes o personas, y darles un beso de despedida, no podéis ser mis discípulos".
Lucas 14.33 [TRADUCCIÓN LITERAL DE LA VERSIÓN The Message]

Seguir a Dios no tiene que ver solamente con cumplir unas normas, asistir a la iglesia y leer tu Biblia. No se trata de ser bueno y esperar la aprobación de Dios como contraprestación. O hacer tus propios planes y pedir su bendición sobre lo que *tú* decidas. Seguir a Dios significa entrega total.

Jesús lo exige *todo* de ti, tus derechos, tus sueños, tus planes para el futuro, tu vida.

Ahora, ¡espera un segundo! ¡Eso es muy duro! El coste *es* elevado, pero la recompensa es incluso mayor. Seguir a Jesús no era algo que pretendiera ser fácil. Requiere sacrificio y muestra lo que tú amas realmente. Si amas a alguien o algo más de lo que amas a Dios, no estarás dispuesto a renunciar a ello. Y Dios quiere ser lo primero en tu vida, tu mayor amor.

¿Estás dispuesto a seguirlo? ¿Qué necesitas para entregarte?

Vaya, Jesús. Me pides mucho. Pero también sé que tú lo entregaste todo por mí. Dejaste tu hogar en el cielo, te pusiste límites en un cuerpo humano y sufriste una muerte horrible para pagar por mis pecados. Yo quiero amarte así también. Pero da miedo. Señor, me entrego a ti. Amén.

*Pedro bajó de la barca y caminó sobre el agua en dirección
a Jesús. Pero, al sentir el viento fuerte, tuvo miedo y
comenzó a hundirse. Entonces gritó: "¡Señor, sálvame!".
Enseguida Jesús le tendió la mano y, sujetándolo, lo
reprendió: "¡Hombre de poca fe! ¿Por qué dudaste?".*
MATEO 14.29-31 NVI

Una cosa es *decir* que confiamos en Dios. Pero cuando tenemos que hacerlo realmente, ¡puede dar bastante miedo! Bajar de un barco a tierra firme, ¡no hay problema! ¿Hacerlo en medio de un lago para *caminar* sobre el agua en una noche de viento sin salvavidas? ¿En serio?

Incluso para Pedro, ¡era un salto escalofriante! Pero en el momento en que clamó, Jesús estaba justo ahí, lo tomó y agarró con fuerza. Sí, confiar en Dios puede dar miedo. Pero Él siempre está justo ahí para agarrarnos, nunca nos abandona, nunca nos deja.

Dar un salto de fe significa salir de lo familiar a algo que puede parecer una locura, pero también significa experimentar el gozo y la calidez de los brazos del Padre cuando Él te sostiene. Significa sentir la intensidad de su agarre. Y de repente, su voz, su tacto y su presencia se vuelven tangibles en tu vida.

*Dios, confiar en ti puede ser difícil. Ayúdame a
confiar en ti y experimentarte como Pedro lo hizo.
Ayúdame a sentir tu agarre en mi vida. Amén.*

*No tenemos un sacerdote que desconozca nuestra realidad. Él
ha pasado por la debilidad y la prueba, lo ha experimentado
todo, todo menos el pecado. Así pues, caminemos directos
hacia Él y obtengamos lo que está preparado para darnos.
Tomemos la misericordia, aceptemos la ayuda.*
HEBREOS 4.15-16 [TRADUCCIÓN LITERAL DE LA VERSIÓN THE MESSAGE]

Algunas decisiones resultan fáciles de tomar, como qué cereales elegir
para el desayuno. Otras son difíciles, como a qué universidad ir.
Cómo afectan a otras personas y si reflejan o no un carácter piadoso
son aspectos que complican las decisiones.

La Biblia afirma que tenemos acceso a la sabiduría y dirección
de Dios siempre que las necesitemos. El Espíritu Santo ayuda
influenciando la toma de decisiones, pero Jesús también está
disponible para representar nuestras luchas delante de Dios.

Jesús es perfecto para desempeñar esa función porque fue
como nosotros una vez. Vivió en la tierra y fue tentado y puesto a
prueba, pero nunca pecó. Así que si pedimos ayuda, Él entiende por
qué la necesitamos.

Siempre que tengamos preguntas, necesitemos misericordia,
simplemente queramos estar con Él, debemos ser atrevidos. Pidamos.
Él escucha.

*Amado Dios, tú no quieres que yo mantenga ocultas mis luchas.
Puedo compartirlas contigo. Puedo esperar tu dirección. Puedo
aferrarme a tu misericordia y perdón. Tomaré decisiones difíciles.
Ayúdame a consultarlas siempre contigo primero. Amén.*

*Esta es la confianza que tenemos al acercarnos a Dios:
que, si pedimos conforme a su voluntad, él nos oye. Y, si
sabemos que Dios oye todas nuestras oraciones, podemos
estar seguros de que ya tenemos lo que le hemos pedido.*
1 JUAN 5.14-15 NVI

A los que esperan, les llegan todas las cosas buenas. ¿Verdad? Pero
en ocasiones esperamos y esperamos y no ocurre nada. Oramos y
Dios no contesta.

Muchas veces es necesario que se produzca un crecimiento en
nuestra vida antes de estar preparados para la respuesta de Dios.
En ocasiones solo oímos de Dios después de haber sido persistentes
al pedir (ver Lucas 18.1-8). Orar persistentemente también revela
nuestra fidelidad y nos enseña a seguir orando sin rendirnos (ver
Gálatas 6.9).

En ocasiones la respuesta de Dios es simplemente *no*. ¿Sigues
pudiendo confiar en Él y creyendo que Él es bueno aun cuando no te
permite tener lo que quieres? ¿Es Él suficiente? ¿O te estás aferrando
demasiado a otra cosa?

Dios podría estar rechazando tus oraciones porque estás
pidiendo con motivaciones incorrectas (ver Santiago 4.3). Si tu
petición procede del egoísmo para satisfacerte a ti mismo y no para
glorificar a Dios, hay muchas opciones de que Él no te la conceda.

Cuando oras, tienes que saber que Dios tiene un plan. ¡Él es
bueno y no te retirará ninguna cosa buena!

*Señor, enséñame a orar conforme a tu voluntad, con
motivaciones puras y una persistencia paciente. Amén.*

*Desnudo salí del vientre de mi madre, y desnudo estaré
cuando me vaya. El Señor me dio lo que tenía, y el Señor me
lo ha quitado. ¡Alabado sea el nombre del Señor!*
JOB 1.21 NTV

Job era un hombre muy rico. ¡Pero lo perdió *todo* —ganado,
trabajadores, siervos e hijos— en *un* solo día (ver Job 1.13-18)! En
un abrir y cerrar de ojos, pasó de ser rico a estar en bancarrota, de
ser un orgulloso papá a un hombre sin hijos. Justo así. Pero él no
reaccionó con ira ni gritos. Destrozado, ¡cayó a tierra *en adoración*
(ver v. 20)! Con lágrimas en su rostro, alabó al Señor.

Cuando sufrimos, es natural cuestionar a Dios, preguntar por
qué y tratar de entender. Cuando Job siguió sufriendo, sin duda
planteó duras preguntas a Dios y exigió respuestas. Pero Él nunca
se explicó, sino que simplemente declaró: «Yo soy grande. Yo soy
bueno. Yo estoy controlando. ¿Confiarás en mí?».

¿Confías tanto en Dios? Cuando ocurren cosas malas o la vida
sufre un giro inesperado, ¿te enojas o alabas a Dios en medio de la
confusión y el dolor? ¿Exiges respuestas o simplemente confías en
Dios, aunque no entiendas? ¿Luchas o te rindes?

*Dios, a veces es difícil alabarte, cuando las circunstancias
duelen. Creer en tu bondad, cuando nada parece bueno.
Ayúdame a confiar en ti y alabarte como Job. Amén.*

*Más bien, sean bondadosos y compasivos unos
con otros, y perdónense mutuamente, así como
Dios los perdonó a ustedes en Cristo.*
EFESIOS 4.32 NVI

La tecnología actual hace que chismorrear sea mucho más fácil. Es muy simple y fácil decir cosas sobre alguien online, cosas que nunca dirías cara a cara. Facebook, correo electrónico, blogs y mensajes de texto facilitan el involucrarse en guerras dialécticas poco edificantes y desagradables. Y muy dañinas.

Ten cuidado con lo que dices, especialmente por escrito. No te involucres en conversaciones malintencionadas sobre otras personas. Si se habla de ti, no respondas con enojo. Date tiempo para tranquilizarte y piensa en una respuesta bondadosa. E intenta llevar siempre la conversación fuera de la red y hablar cara a cara o por teléfono.

Si el acoso verbal continúa en persona u online, cuenta a un adulto de confianza lo que está ocurriendo. Si sabes que alguien está sufriendo acoso, ¡no te quedes como mero espectador! Acaba amablemente la conversación o apoya a esta persona. Y si tienen lugar comentarios mezquinos sobre ti, trabaja para perdonar a la persona y responde con gracia y amor.

*Señor, por favor perdóname por decir cosas mezquinas
sobre otras personas, especialmente online. Ayúdame
a perdonar a quienes las dicen sobre mí y responder
como tú quieres que lo haga, sin dolor ni ira. Amén.*

¡Alabado sea el Señor! ¡Den gracias al Señor, porque él es bueno! Su fiel amor perdura para siempre.
SALMOS 106.1 NTV

La Biblia nos ordena *alabar* al Señor y *darle gracias* porque su fiel amor perdura para siempre. ¿Por qué ordenar al pueblo de Dios hacer algo que debería producirse de manera natural?

¿A cuántas personas has hablado de esa magnífica película que viste? ¿De ese fascinante libro que leíste? ¿De esa divertida canción que oíste? ¿Hablaste bien de ellos y expresaste tu aprobación entusiasta de los mismos? Si es así, alabaste aquello de lo que disfrutaste.

Si no estás alabando a Dios, examina por qué. ¿Has dejado de disfrutar de Dios? ¿Por qué? Es fácil perder de vista quién es Él y qué ha hecho. Él puede llegar a ser como un viejo regalo de Navidad; experimentamos gozo y entusiasmo cuando lo recibimos, pero después de un tiempo se queda apilado en un armario y olvidado. Sin embargo, el amor de Dios es fiel y siempre estará ahí para ti, aunque tu amor por Él se desvanezca. El amor de Dios nunca expira. Él te ama ahora y lo hará durante la eternidad. Pase lo que pase.

¡Gracias, Dios!

Señor, te alabo hoy por tu increíble amor. Puedo ser mezquino contigo, hacerte daño y desobedecerte deliberadamente, pero tú seguirás perdonándome y cubriéndome con tu amor y gracia. ¡Tu amor es poderoso, Dios, y merecedor de mi alabanza! Amén.

Los justos podrán tropezar siete veces, pero volverán a levantarse.
En cambio, basta una sola calamidad para derribar al perverso.
PROVERBIOS 24.16 NTV

Ser cristiano no significa que ya no cometerás errores. No significa que no pecarás nunca más. Ni siquiera que ya no serás tentado. La verdad es que podrías sentir que decepcionas más a Dios después de aceptar su regalo de redención que antes.

¿Sabías que nuestro enemigo espiritual quiere que pensemos de esta forma? Satanás quiere que creamos que cuando nos convertimos en cristianos ya no decepcionamos más a Dios. Está totalmente embelesado pensando maneras de hacernos sentir culpables de mala conducta.

Es cierto que Dios quiere que obedezcamos sus mandatos, pero no que nos sintamos condenados. ¿Por qué? Porque cuando lo hacemos nos rendimos. Cuando nos rendimos ya no luchamos más. Cuando no luchamos, aceptamos la mentira del enemigo como verdad.

Levántate y empieza a caminar de nuevo. Jesús pagó por todo pecado. Esto incluye a la persona que te derribó. El hombre cristiano tropezará y se levantará de nuevo.

Amado Dios, guarda mi mente y mi corazón de creer que
cuando peco tú ya no me amas. Quiero servirte bien, así
que, cuando falle, ayúdame a admitir mis errores, aceptar
tu perdón y volver al trabajo. Ayúdame a ignorar las
palabras que me tientan a aceptar la derrota. Amén.

Todo lo que hacen es para aparentar…Y les encanta sentarse a la mesa principal en los banquetes y ocupar los asientos de honor en las sinagogas. Les encanta recibir saludos respetuosos cuando caminan por las plazas y que los llamen «Rabí».
MATEO 23.5-7 NTV

A los fariseos solo les importaba el estatus. Alardeaban de su posición como líderes religiosos y se pavoneaban con soberbia y arrogancia. Y Jesús los condenaba por ello.

Resulta fácil señalar a los fariseos con el dedo y decir cuán malos eran. Pero nosotros también buscamos el estatus. ¿Te sientes tentado a ocultar tu amistad con alguien cuando llegan los chicos más populares? ¿Intentas sentarte siempre donde sabes que se te verá más? ¿Te motivas en lo académico o los deportes porque buscas la atención que les acompaña? ¿Vistes ropa de marca porque quieres el estatus de ser guay y tener estilo?

Jesús afirma: «Y cualquiera que se ensalce, será humillado, y cualquiera que se humille, será ensalzado» (Mateo 23.12 LBLA). El estatus entre nuestros iguales no es lo realmente importante. Hazlo importante para servir en lugar de presumir.

Dios, por favor perdóname por pensar que soy mejor que otros y por buscar el estatus y la aprobación de mis amigos en lugar de la tuya. Ayúdame a mantenerme en segunda fila y servir a los demás, como tú, centrándome en ellos y no en mí. Amén.

> *¡Ya estoy harto de vosotros! ¡No tenéis esperanza,*
> *eruditos de la religión, fariseos! ¡Fraudes! Vuestras*
> *vidas son barricadas para el reino de Dios.*
> MATEO 23.13 [TRADUCCIÓN LITERAL DE LA VERSIÓN THE MESSAGE]

«¡Los cristianos son simplemente una panda de hipócritas!».

Todos hemos oído a alguien decir esto. La hipocresía es una de las mayores razones por las que los incrédulos no quieren tener nada que ver con el cristianismo. Pastores sorprendidos robando fondos de la iglesia. Chicas cristianas embarazadas. Chicos cristianos que dan positivo por alcoholemia en controles de tráfico policiales. El pecado tiene consecuencias muy grandes.

Como cristiano, representas a Jesús ante todas las personas que te rodean. No eres perfecto y no lo representarás de forma perfecta todo el tiempo. Pero necesitas quitar las barricadas colocadas contra el reino de Dios haciendo que tus hechos encajen con tus palabras. ¿Te ven asistiendo a la iglesia los domingos, pero maldiciendo y haciendo daño a otras personas durante la semana? ¿Te ven orando antes de las comidas, pero faltando al respeto a tus padres y maestros? ¿Saben que eres cristiano, pero que tu arrogancia y soberbia te dominan?

El mundo está observando, seas o no consciente de ello. ¿Invitan tus palabras y acciones a las personas al cielo o las apartan de él?

Señor, sé que lo echo todo a perder y parezco un hipócrita. Me
alegra que las personas puedan mirarte como el ejemplo perfecto
en lugar de mí. Pero no quiero que se alejen de ti por culpa del
pecado en mi vida. Muéstrame cómo debo cambiar para que
los demás se vean atraídos hacia ti por medio de mí. Amén.

Ustedes, los fariseos, son tan cuidadosos para limpiar la parte exterior de la taza y del plato pero están sucios por dentro, ¡llenos de avaricia y de perversidad! ¡Necios! ¿No hizo Dios tanto el interior como el exterior? Por lo tanto, limpien el interior dando de sus bienes a los pobres, y quedarán completamente limpios.
LUCAS 11.39-41 NTV

Jesús se enojaba ante los fariseos porque tenían motivaciones impuras. Hacían todas las cosas correctas, pero por las razones equivocadas. Tenían mucho cuidado de cumplir las reglas y ser «buenos», pero su corazón era hipócrita y estaba lleno de soberbia. Jesús veía su farsa y les decía que cuando sus motivaciones fueran puras, sus «buenas obras» serían aceptables.

A Jesús no le preocupa nuestra conducta, sino nuestro corazón. Porque cuando tu corazón hace lo correcto, la conducta apropiada seguirá de manera natural. ¿Por qué asistes a la iglesia? ¿Por qué tus padres te obligan o porque tú quieres hacerlo? ¿Por qué lees la Biblia? ¿Por qué deseas hacerlo o porque te sientes culpable si no lo haces?

A Jesús no le importa que cumplas una serie de normas, que hagas lo que se *supone* que debes hacer. Él quiere que le sigas de buen grado, porque *quieres*. Pregúntate: ¿Por qué hago lo que hago? ¿Para quién lo estoy haciendo?

Jesús, perdóname por hacer cosas para parecer bueno por fuera, cuando tengo motivaciones incorrectas en mi interior. Límpiame de adentro hacia fuera. Amén.

*Huid de la indulgencia infantil. Corred tras la justicia madura
—la fe, el amor, la paz— uniéndoos a quienes están en
oración honesta y seria delante de Dios. Rechazad involucraros
en discusiones vanas; siempre acaban en peleas.*
2 TIMOTEO 2.22-23 [TRADUCCIÓN LITERAL DE LA VERSIÓN THE MESSAGE]

*Consolas, controladores, cartuchos, contenido descargable, juego
online y unidad USB* son términos utilizados en el mundillo de los
videojuegos. Estos juegos son algo parecidos a los de mesa y no hay
casi nada como ellos. Invitan a la competición, la estrategia, hacer
equipo y un sentido de realización.

Este mundillo es una cultura en sí mismo. Existen convenciones,
revistas, foros y chats online. Cada uno de ellos se dedica a
incrementar la influencia de los videojuegos. La estrategia está
funcionando.

La gran decisión para un chico cristiano es cuánto tiempo
jugando a videojuegos es demasiado. Podrías tener que luchar con
la pregunta de qué juegos son apropiados y evaluar en qué posición
de tu lista de prioridades encajan.

Cuando no solucionas estos problemas es muy fácil permitir que
jugar controle todos tus momentos disponibles. También resulta más
fácil que la cultura de los videojuegos destrone a Dios de su papel
como líder de tu vida. Persigue el carácter de Dios, aférrate a sus
palabras y pasa tiempo con quienes vean un mayor valor en el reino
de Dios que en uno virtual.

*Amado Dios, si controlas realmente mi vida permíteme
servirte de una manera que demuestre que tú eres más
importante que cualquier otra cosa para mí, incluyendo los
videojuegos. Ayúdame para que mi caminar, mi boca y mi
corazón no hablen sino el lenguaje de tu amor. Amén.*

*Toda persona debe someterse a las autoridades de gobierno,
pues toda autoridad proviene de Dios, y los que ocupan
puestos de autoridad están allí colocados por Dios.*
ROMANOS 13.1 NTV

Políticos… ¡puaj! ¿A quién le importa lo que ocurre en el gobierno?
Es difícil entender lo que los noticieros cuentan y es muy aburrido de
todas maneras. Dios lo tiene todo cubierto, ¿verdad?

Aunque la Biblia está llena de historias en las que Dios da
y quita el poder a personas y naciones, no debemos esconder la
cabeza bajo tierra e ignorar lo que está aconteciendo en la política.
Tenemos la asombrosa bendición en América de poder votar y dar
forma a nuestro gobierno. Nuestra participación activa o desinterés
pasivo afectarán directamente a nuestro futuro.

Algún día serás un votante. Es importante que prestes
atención en clase de historia, debatas con tus maestros y padres
los problemas y situaciones que nuestra nación afronta y aprendas
a valorar de manera crítica las decisiones que toman los líderes
políticos.

Lo más importante es que debemos orar por nuestros líderes,
locales, estatales y nacionales. Ora para que Dios ponga a las
personas correctas en el cargo, para que la corrupción quede
al descubierto y para que exista cooperación entre los partidos
políticos de manera que puedan trabajar juntos por el bien común.

*Señor, oro por nuestro gobierno. Los problemas son muchos,
pero te pido que dirijas y guíes a nuestros líderes con el fin de
que tomen las mejores decisiones para nuestro país. Amén.*

Ninguno se crea mejor de lo que realmente es. Sean
realistas al evaluarse a ustedes mismos, háganlo
según la medida de fe que Dios les haya dado.
ROMANOS 12.3 NTV

Es *muy* tentador deleitarse en la alabanza de los demás, ¿no es así?
Gloriarte en tu capacidad atlética y pavonearte por los pasillos de la
escuela. Darte palmaditas en la espalda por tus logros académicos.
Ponerte una medalla por tus habilidades musicales o tu aspecto físico.
Ensoberbecerte por el hecho de que al menos tú no eres como *ellos*.

Pero el mérito no te pertenece. Dios te hizo y te dio los talentos
que tienes. Se lo debemos todo a Él. Y sin su gracia, no seríamos
nadie. Así que deja a un lado la arrogancia y da gracias a Dios por
bendecirte. Cuando otros te alaben, aprovecha la oportunidad para
señalarles a Jesús, el dador de todos los dones. Usa tus talentos para
la gloria de Dios, no para la tuya propia.

Por favor perdóname, Jesús. Tú nunca te mostraste superior a nadie
y siempre te apresuraste a dar la alabanza al Padre. Ayúdame
a usar mis talentos para tu reino, como un testimonio para los
demás y no para mi propio beneficio personal o fama. Amén.

Porque nada hay encubierto, que no haya de descubrirse; ni oculto, que no haya de saberse. Por tanto, todo lo que habéis dicho en tinieblas, a la luz se oirá; y lo que habéis hablado al oído en los aposentos, se proclamará en las azoteas.
LUCAS 12.2-3 RVR1960

¿Has respirado alguna vez con alivio cuando tu hermano asumió la culpa por algo que tú hiciste? ¿Sientes que tuviste suerte porque no te pillaron copiando en tu examen de historia? ¿Viste algo que sabías que no debías ver? Puede ser que pienses que te has salido con la tuya, pero Dios lo ve todo. Un día todo será revelado y todo el mundo será juzgado.

¡Que no te descubran como a los fariseos! Jesús reveló al mundo quienes eran ellos realmente. Los fariseos no eran destacados líderes religiosos a imitar y seguir. Eran hombres avariciosos, hipócritas y malvados a quienes Jesús juzgó y condenó públicamente.

Mantener una buena imagen y ocultar su pecado, ese era el objetivo principal de los fariseos. Descarta lo que otros piensen y haz de agradar a Jesús tu meta principal. No importa si te escabulles o no de algo aquí en la tierra. No podrás escapar de Dios.

Dios, ayúdame a estar limpio de pecado y no ocultarlo ni dejar que otros carguen por la culpa del mismo. Ayúdame a preocuparme más de agradarte que de mantener una buena imagen. Amén.

DEFENSORES DE LA VERDAD

¡Estén alerta! Cuídense de su gran enemigo, el diablo, porque anda al acecho como un león rugiente, buscando a quién devorar.
1 PEDRO 5.8 NTV

¿Te has preguntado alguna vez por qué nos querría Dios que fuéramos amorosos, bondadosos y pacientes para pedirnos después que fuéramos guerreros? ¿Cómo es exactamente un guerrero de Dios?

Los guerreros de Dios luchan contra quienes niegan la verdad de su Palabra. Nosotros utilizamos la armadura de Dios para estar firmes contra Satanás (ver Efesios 6.10-18). Estamos vigilantes ante los ataques a la fe que podrían debilitar nuestro compromiso con Dios. Somos guerreros que se apoyan en la fuerza de Dios.

Quizás la mayor razón por la que se nos pide que estemos preparados como un guerrero sea reconocer la verdad de la Palabra de Dios y las mentiras de nuestro enemigo espiritual. Si nos negamos a mantenernos firmes seremos aplastados cuando estemos débiles.

Dios creó a los chicos para ser protectores y no quiere que dejemos de ser guardianes de su verdad, la cual puede encontrarse en cada página de la Biblia. Estas mismas palabras se emplean para corregir errores, instruir a otros y proveer el entrenamiento necesario para una vida recta (ver 2 Timoteo 3.16).

Amado Dios, tú quieres que yo sea fuerte. La esperanza que está en mí se apoya en la verdad de tu Palabra. Mediante las palabras que leo, entiendo tus caminos y aprendo cuán necio es creer que ellas no importan. Dame la fuerza que necesito para defender tu verdad. Amén.

SANTIDAD FRENTE A FELICIDAD

*Sean santos porque yo soy santo… Yo soy Dios que os sacó
de la tierra de Egipto. Sed santos porque yo soy santo.*
LEVÍTICO 11.44-45 [TRADUCCIÓN LITERAL DE LA VERSIÓN THE MESSAGE]

Dios quiere que seamos felices, ¿verdad? Bien, sí. Pero a Él le importa mucho más nuestra santidad que nuestra felicidad. En numerosas ocasiones a lo largo de la Biblia, Él manda a su pueblo que sea santo. No nos ordena ni una sola vez que seamos felices.

Aunque Dios desea bendecirnos, tiene para nosotros un propósito mayor que la felicidad. Cuando decidimos seguirlo, dejamos atrás nuestros viejos hábitos y nos convertimos en una nueva persona. Nos esforzamos para ser santos como Dios es santo y reflejar así su bondad y carácter a todos los que nos rodean. Ten cuidado de no tomar decisiones basadas en lo feliz que te harán. "Está bien hacer esto, tener esto o estar con esta persona porque Dios quiere que yo sea feliz" es una lógica peligrosa. En su lugar, pregúntate: «¿Me va a acercar a Dios y ayudarme a crecer espiritualmente hacer esto, tener esto o estar con esta persona?».

Pablo dijo a Timoteo: «Pues Dios nos salvó y nos llamó a una vida santa» (2 Timoteo 1.9 NVI). ¿Estás buscando la felicidad más que la santidad?

*Dios, ayúdame a preocuparme más de la santidad que
de la felicidad. Dame fuerzas para sacrificar la felicidad
cuando la santidad lo exija y confiar en que tú traerás
gozo y bendición de mi obediencia. Amén.*

DIOS ESTÁ MIRANDO

Los ojos del Señor están en todo lugar,
vigilando a los buenos y a los malos.
PROVERBIOS 15.3 NVI

Mis padres tenían normas. Y una de ellas me impedía ver películas no aptas para ciertas edades sin su permiso. Yo dormía muchas veces en casa de un amigo y él ponía películas no recomendadas para menores de trece años.

Es solo no apta para menores de trece años, pensaba yo. *Mis padres no tienen por qué saberlo. No tengo que decirles nada.*

Pero la acusación de Dios y mi conciencia no me dejaban estar tranquilo. Sabía que Dios estaba mirando, aunque mis padres no lo hicieran. Y Él quería que yo les obedeciera. Así que los llamaba y pedía permiso antes de que empezaran las películas, cada vez.

En muchas ocasiones me sentí como un idiota delante de mis amigos, especialmente si mis padres no querían que viera la película y yo tenía que sugerir otra opción. Pero las recompensas hacían que la vergüenza momentánea mereciera la pena. No tenía que batallar contra una conciencia culpable. Construí confianza con mis padres, lo cual me otorgó finalmente una mayor libertad de las normas. Y sobre todo, sé que agradé a Dios con mi obediencia a Él y a mis padres.

¿Qué áreas de la transigencia te tientan más?

Dios, ayúdame a escuchar cuando me convences de pecado y a hacer lo correcto, aunque eso signifique parecer tonto o sentirme avergonzado. Tú siempre estás mirando y quiero agradarte. Amén.

¡Tú guardarás en perfecta paz a todos los que confían en ti;
a todos los que concentran en ti sus pensamientos!
ISAÍAS 26.3 NTV

Tienes una mente creativa. Los artistas imaginan una escena y pintan. Los músicos imaginan música y poco después los demás escuchan.

Nuestra mente puede imaginar cómo sería herir a alguien que ha sido mezquino. Podemos tener pensamientos pecaminosos sobre una chica. Podemos pasar tiempo imaginando cosas que no están habitualmente en la agenda de Dios para nuestra vida.

Cuando permitimos que nuestra mente proyecte películas imaginarias en las que aparecemos llevando a cabo acciones pecaminosas, realmente necesitamos parar y pedir ayuda a Dios con urgencia.

Podemos poner nuestras propias objeciones y decir: «Yo nunca haré esto realmente», pero si dejamos que las películas mentales pecaminosas se reproduzcan y repitan, podemos llegar al punto en el que lo que hayamos visto en nuestra mente se convierta en acción.

En esos momentos ya no reconocemos la paz de Dios, pero nos negamos a pedir a Dios una segunda opinión. ¿Por qué? Cuando estamos cometiendo un pecado es como si Dios no tuviera nada que decir en nuestra manera de vivir.

Amado Dios, mantén mis ojos, corazón y mente fijados en ti. Que mis pensamientos se conformen a tu deseo de pureza. Ayúdame a aprender a detener los pensamientos impuros y echarlos fuera. Solo puedo hacerlo cuando vuelva a ti deliberadamente. Amén.

*Todos los atletas se entrenan con disciplina. Lo hacen
para ganar un premio que se desvanecerá, pero
nosotros lo hacemos por un premio eterno.*
1 CORINTIOS 9.25 NTV

En ocasiones resulta difícil adorar, simplemente porque no te apetece.
No quieres estar en la iglesia. No quieres orar. No quieres leer la
Biblia. Solo deseas dejar a Dios solo durante un tiempo y hacer lo que
te plazca.

Una relación con Dios es como cualquier otro compromiso,
exige trabajo. Puede que no te apetezca ir al entrenamiento de
natación todos los días o hacer los deberes después de la escuela,
pero lo haces igualmente. Claro, quizás cumples con ello porque
es tu obligación. Pero también lo estás haciendo porque en un
nivel más profundo, quieres hacerlo, quieres mejorar tus tiempos de
natación y que tus notas sean altas.

Dios no es diferente. Es posible que no siempre nos apetezca
adorarlo o pasar tiempo con Él, pero necesitamos ser disciplinados
y llevarlo a cabo igualmente. Únicamente cuando seamos
disciplinados y permanezcamos comprometidos, no presentándonos
al entrenamiento de vez en cuando sino *todos* los días, veremos
crecimiento.

*Dios, ayúdame a ser disciplinado para trabajar en mi relación
contigo. Muchas veces no me apetece hacerlo, pero sé que invertir
tiempo y esfuerzo en ello me ayudará a crecer espiritualmente, y
eso es un premio duradero que merece la pena buscar. Amén.*

*Tengan la misma actitud que tuvo Cristo Jesús... Cuando apareció
en forma de hombre, se humilló a sí mismo en obediencia
a Dios y murió en una cruz como morían los criminales.*
FILIPENSES 2.5, 7-8 NTV

Los derechos se han convertido en una epidemia en nuestro país. La creencia de que tienes derecho a tener, hacer o conseguir algo, o que *mereces* que te den algo, es una enfermedad que te perjudica a ti y a quienes te rodean.

Jesús nunca se sintió con derechos. Él era todopoderoso, infinitamente poderoso y merecedor de la honra y la gloria, pero entregó sus derechos y privilegios divinos y no se aferró a ellos. Se rebajó de buen grado y se limitó como un ser humano, llegando incluso a sufrir la muerte más vergonzosa posible.

¿A qué derechos y privilegios te estás aferrando? ¿De renunciar a qué cosas te quejas?

*Jesús, por favor ayúdame a tener una actitud como la tuya. Tú te
humillaste de buen grado y lo dejaste todo. Cuando la vida no
parece justa o exige un sacrificio, ayúdame a hacer lo mismo. Amén.*

*La tristeza que proviene de Dios produce el arrepentimiento
que lleva a la salvación, de la cual no hay que arrepentirse,
mientras que la tristeza del mundo produce la muerte.*
2 CORINTIOS 7.10 NVI

A Dios no le preocupa demasiado que estemos tristes porque nunca
prometió felicidad sin fin. El pesar tiene un propósito, pero no siempre
sabemos qué se supone que debemos hacer con él.

La tristeza por la pérdida de alguien que amamos nos permite
expresar simpatía cuando otras personas tienen una experiencia
parecida. La tristeza al no cumplir un sueño nos lleva a evaluar
de nuevo las prioridades. El pesar por la pérdida de la pureza, la
honradez y la integridad puede llevarnos a apartarnos de lo que
hemos hecho y permitir que Dios nos restaure. Esta última pérdida
está llena de segundas oportunidades, pero todo depende de cómo
lidiemos con el dolor que llega después de decidir pecar.

Quienes no conocen a Jesús también pueden tener pesar, pero
lo que sienten puede deberse a que los hayan descubierto o a que
no puedan encontrar esperanza y perdón. La tristeza puede dejarlos
preguntándose cómo podrán superarlo.

El dolor que nos vuelve hacia Dios nos ayuda a entender que
existe un futuro tras el fracaso.

*Amado Dios, gracias por el recordatorio de que cuando estoy
frustrado conmigo mismo, tú estás esperando mi regreso. Tú
ofreces segundas oportunidades, pero eso significa que debo
apartarme de las cosas que me llevaron a este lugar de tristeza.
Gracias por permitirme volver cada vez que fallo. Amén.*

Como perros glotones, nunca quedan satisfechos.
Son pastores ignorantes; cada uno va por su propio
camino y busca ganancias personales.
ISAÍAS 56.11 NTV

Por nuestra naturaleza humana, siempre deseamos satisfacernos. Queremos tener la última tecnología, los teléfonos más nuevos, la ropa más de moda. Queremos la mejor televisión por cable, el internet más rápido, los mejores coches. Queremos... queremos... queremos.

Incluso cuando conseguimos lo que deseamos, eso solo nos satisface durante un tiempo y después queremos algo más. Es un ciclo que nunca acaba, una trampa que debemos evitar conscientemente.

En lugar de quejarnos de lo que *no* tienes, detente y da gracias por lo que tienes. Cuando tu amiga presuma de su nuevo iPhone, en lugar de sentir envidia, da gracias por tener un teléfono celular, aunque «solo sea un teléfono plegable». Cuando tus padres te lleven a comprar ropa a las rebajas o a tiendas de segunda mano en lugar de comprártela nueva o cara, agradece que puedan proveerte nueva ropa.

El secreto del contentamiento es estar agradecido por lo que tienes en lugar de buscar algo que te satisfaga. ¿Cuán satisfecho estás tú?

Señor, mi naturaleza humana ve algo nuevo y reluciente y
no puede evitar quererlo. Cambia mi actitud. Ayúdame a
estar satisfecho y agradecido por lo que tengo. Amén.

Hijos, obedezcan en el Señor a sus padres, porque esto es justo.
EFESIOS 6.1 NVI

Los padres pueden ser irritantes a veces, pero hacen *mucho* por ti. Trabajan duro con el fin de proveerte dinero para comprar ropa nueva, unirte a equipos deportivos, tener un teléfono celular y una computadora, además de alimentos para comer. Te llevan a todos tus entrenamientos y actividades. Pagan para que puedas asistir a un campamento de verano o irte de vacaciones con la familia.

Los padres no son perfectos y todo el mundo tiene fallos, pero pasa tiempo hoy honrando a tus padres. Haz una lista de lo que hacen por ti y te dan. ¿Cómo puedes aliviar su carga? ¿Cómo puedes ayudar en la casa? Quizás puedas empezar ocupándote de tu colada en lugar de esperar que mamá lo haga o dejar el dinero que has ahorrado para pagar el campamento de verano en lugar de gastártelo en la cafetería o el cine. ¿Por qué no hacer la cena para la familia esta noche?

Independientemente de lo que decidas hacer, asegúrate de dar las gracias a tus padres hoy por todo lo que hacen por ti.

Dios, no puedo imaginar mi vida sin mis padres. Puede que no me gusten siempre, pero me cuidan lo mejor que pueden. Si yo tuviera que sobrevivir solo, estaría en una situación realmente difícil. Gracias por mamá y papá. Muéstrame cómo puedo honrarlos y darles las gracias hoy. Amén.

*Dios los salvó por su gracia cuando creyeron. Ustedes no
tienen ningún mérito en eso; es un regalo de Dios. La salvación
no es un premio por las cosas buenas que hayamos hecho,
así que ninguno de nosotros puede jactarse de ser salvo.*
EFESIOS 2.8-9 NTV

El amor de Dios no es algo que nos tengamos que ganar. Él lo da
gratuitamente. Sin embargo, caemos con mucha frecuencia en la
trampa de vivir una fe basada en el rendimiento. Si no asistes al
grupo de jóvenes cada semana, no eres un buen cristiano. Si no lees
la Biblia ni pasas tiempo con Dios cada día, no le agradas. Si sigues
cometiendo el mismo pecado, por mucho que lo intentes, Dios te mira
con decepción.

Mentiras. Todo mentira.

Dios te concede la gracia. Él no quiere que vivas cumpliendo
un estándar de rendimiento, sintiendo que debes hacer ciertas cosas
para ganarte su aceptación. Él te ama ahora mismo, tal como eres,
pase lo que pase.

Así que concédete a ti mismo la gracia. Despójate de la culpa
bajo la que has estado viviendo y experimenta la verdadera libertad
que otorga el Señor. Tú eres su hijo y Él te ama tanto si lo tienes todo
como si eres un desastre.

Y esta es la verdad.

*Gracias, Dios, porque no necesito vivir en la culpa. No tengo
que sentir que deba llegar a un estándar para ganarme tu
aceptación. Ayúdame a vivir en esa gracia y libertad hoy. Amén.*

Mi hijo está aquí, ¡dado por muerto y ahora vivo! ¡Dado por perdido y ahora encontrado! Y empezaron a pasar un tiempo maravilloso.
LUCAS 15.24 [TRADUCCIÓN LITERAL DE LA VERSIÓN THE MESSAGE]

Si nunca has leído la historia del hijo pródigo, pasa un rato en Lucas 15 y ponte al día. Si no tienes tiempo he aquí un rápido resumen: el más joven de dos hermanos quería recibir su herencia antes de tiempo. Su padre le dio el dinero sabiendo que no tomaría decisiones sabias. Papá acertó. El hijo se gastó todo el dinero, perdió todo su orgullo personal y finalmente la comida de los cerdos le parecía una buena cena. Una vez que se dio cuenta de su error, se humilló y regresó a casa sabiendo que se había comportado mal, pero esperaba poder conseguir un trabajo de su padre. Estaba muy nervioso.

Su padre salió corriendo de la casa porque había esperado que su hijo regresara. La idea de ser un siervo se desvaneció antes de poder ser considerada. Su padre organizó rápidamente una fiesta de bienvenida para celebrar el retorno sano y salvo del hijo fugitivo.

Cuando realmente hayas hecho las cosas mal no esperes, vuelve a Dios.

Amado Dios, cuando yo sea un hijo pródigo, también pensaré que cumplir tus instrucciones es duro y querré hacer las cosas a mi manera. Puede que no sea la comida de los cerdos lo que me haga volver, pero cuando vuelva, ayúdame a recordar lo que has hecho por mí. Sé que estarás esperándome al final del camino. Amén.

EL CRECIMIENTO DUELE

También nos alegramos al enfrentar pruebas y dificultades
porque sabemos que nos ayudan a desarrollar resistencia. Y
la resistencia desarrolla firmeza de carácter, y el carácter
fortalece nuestra esperanza segura de salvación. Y
esa esperanza no acabará en desilusión.
ROMANOS 5.3-5 NTV

A nadie le *gusta* sufrir, pero es necesario para el crecimiento. Primero, enseña paciencia. Cuando no hay salida de una situación, simplemente tienes que moverte en el fango hasta que acabe. Y durante esa estancia en el fango, tu carácter se desarrolla. O te quejas y lloras mientras estás ahí, o aprendes a depender de Dios y soportarlo. En medio del sufrimiento, aprendes a dejar de mirarte a ti mismo y pones los ojos en Jesús. Aprendes a tener paciencia y esperar. Aprendes a tener fe.

Y la fe alimenta la esperanza. Cuando experimentamos la presencia, consuelo y fidelidad de Dios durante los tiempos difíciles, profundizamos nuestra confianza y esperanza en Él. Llegamos a saber con certeza que Dios es bueno. *Sabemos* sin ninguna duda que Él está en el control y tiene un plan. *Sabemos* que Dios es fiel y nos ama. Y con este intenso sentido de la fe, podemos afrontar cualquier prueba con esperanza. Dios está ahí y nos llevará a la meta, hasta la eternidad.

¿Cómo afrontas el sufrimiento? ¿Qué lecciones te ha enseñado Dios? ¿Qué sigues necesitando aprender?

Gracias, Jesús, por todos mis sufrimientos. Puede que
no me gusten, pero me enseñan mucho. Ayúdame
a afrontarlos bien y crecer en mi fe. Amén.

Toma en cuenta que he escogido a Bezalel, hijo de Uri... y lo he llenado del Espíritu de Dios... y capacidad creativa para hacer trabajos artísticos en oro, plata y bronce, para cortar y engastar piedras preciosas, para hacer tallados en madera y para realizar toda clase de artesanías.
ÉXODO 31.2-5 NVI

A ti y tu mejor amigo os gusta hacer muchas cosas juntos, ¿verdad? Quiero decir, os aburriríais mucho si todo lo que hicierais fuera ver películas. No hay manera de que hicierais lo mismo de siempre, en el momento de siempre, cada vez que pasarais tiempo juntos. Os cansaríais de ello.

Dios es una persona, que desea estar en comunicación contigo. Y estoy muy seguro de que se aburre cuando pasas tiempo haciendo lo mismo de siempre (leer tus devocionales y orar), en el momento de siempre (por la mañana o antes de acostarte), *cada* vez que pasáis tiempo juntos.

Dios te hizo en su creatividad con dones y talentos especiales. ¿Qué te *encanta* hacer? ¿Tocar un instrumento de música? ¿Dibujar o pintar? ¿Escribir? ¿Por qué no hacer eso con Dios? Deja que tu música, historia o arte expresen tu adoración.

¿De qué manera puedes divertirte hoy pasando tiempo con Dios?

Guau, Dios, nunca fui consciente de que si yo me aburro pasando tiempo contigo, ¡probablemente tú te aburras también! ¿Qué cosas nuevas quieres que hagamos juntos? ¿Cómo puedo llegar a conocerte de una forma nueva y divertida?

Y hablaba el Señor con Moisés cara a cara,
como quien habla con un amigo.
ÉXODO 33.11 NVI

Así que sabemos que podemos hablar con Dios, igual que con nuestros amigos. No tiene que ser de una manera formal y rígida, como si nos dirigiéramos a un honorable juez. Simplemente podemos expresarnos con Él como queramos.

Pero he aquí la sorpresa... ¡Dios responde!

Sí, oíste bien. Dios te responde, igual que un amigo. La oración es una conversación de dos sentidos. Pero, ¿cuánto parloteas *tú*? ¿Das a Dios la opción de tomar la palabra? ¿Esperas a que Él hable? ¿O simplemente sueltas lo que tienes que decir y sales corriendo?

Cuando un amigo habla hasta la saciedad resulta bastante molesto. Por suerte, Dios nunca se desconecta de nosotros pero tiene algunas cosas que decir. ¿Te tomas tu tiempo para escuchar? Algunos llaman a esto *oración que escucha*, tomarse un tiempo para estar tranquilo, en silencio y abierto a lo que Dios quiere decirnos. Él puede comunicarse con una voz audible, pero habitualmente habla de una manera discreta y tranquila en nuestro corazón.

Cuando estás calmado y en silencio, ¿qué pensamientos, imágenes o recuerdos te vienen a la mente y te hablan profundamente? Medita en ellos y comienza tu conversación con Dios.

Señor, ¿qué me quieres decir hoy?

Pero yo digo que el que mira con pasión sexual a una mujer ya ha cometido adulterio con ella en el corazón.
MATEO 5.28 NTV

¿Has oído alguna vez del término *gratificación demorada*? Significa que aunque quieras hacer algo ahora, existen razones para esperar. Dios tiene cosas impresionantes para nuestro disfrute, pero diseñó algunas de ellas sensibles al tiempo. Por ejemplo, si tienes trece años de edad y quieres conducir tendrás que esperar a conseguir un permiso de aspirante y un instructor. Puede que quieras asistir a la universidad, pero si tienes quince años, los profesores te animarán a volver dentro de unos años. Llegarás ahí. Solo necesitas paciencia.

Algunas cosas deben guardarse para el matrimonio.

Cuando aceptas una gratificación demorada, renuncias a hacer algo ahora con el fin de tener algo mucho mejor más adelante. Ver pornografía de mujeres adultas es algo que no puedes dejar de ver. Esas imágenes se quedarán en tu cabeza. La razón por la que debes alejarte de la pornografía es que Dios quiere que te mantengas puro para tu futura esposa. Ella merece tu pureza.

Amado Dios, mantén puros mis ojos, corazón y sexualidad. Como tú quieres que yo espere, ayúdame a ser paciente. Gracias por prometerme algo maravilloso al final de la espera. Amén.

Haced de esto vuestra práctica habitual: Confesad vuestros
pecados los unos a los otros y orad los unos por los otros
de manera que podáis vivir juntos completos y sanados.
La oración de una persona que vive de forma correcta
con Dios es algo poderoso a tener en cuenta.
SANTIAGO 5.16 [TRADUCCIÓN LITERAL DE LA VERSIÓN THE MESSAGE]

En los siguientes cien años tras la muerte, sepultura y resurrección de Jesús era común entre los seguidores de Cristo exponer sus dificultades y orar juntos. ¿Suena eso extraño? Algunas personas lo llaman cristianismo auténtico, verdadero y real.

Piensa en la alternativa. Mantienes tus luchas ocultas, a los demás les resulta muy fácil chismorrear cuando no saben realmente qué está ocurriendo y orar juntos parece poco natural.

Quizás eso suene más común actualmente que en el modelo del primer siglo encontrado en Santiago. Dios quiere que seamos honestos los unos con los otros, que encontremos a alguien con quien compartir nuestras dificultades y que oremos con alguien en quien confiemos. Vivir correctamente delante de Dios significa hacerlo de manera auténtica con aquellos que tienen el poder de alentarnos en nuestro viaje.

Amado Dios, no parece natural compartir dificultades,
errores e incluso momentos de pecado con otra persona.
Pero si eso es lo que tú quieres, ayúdame a cambiar mi
forma de pensar de manera que pueda experimentar los
beneficios de ser auténtico con alguien en quien pueda
aprender a confiar. Quiero ser completo y sanado. Amén.

LA PUERTA DE LA RESTAURACIÓN

*La religión pura y verdadera a los ojos de Dios Padre
consiste en ocuparse de los huérfanos y de las viudas en
sus aflicciones, y no dejar que el mundo te corrompa.*
SANTIAGO 1.27 NTV

En 2004, siete hombres ugandeses se reunieron bajo un árbol y
oraron a Dios pidiéndole que enviara a alguien para traer esperanza
y restauración a su país destrozado por la guerra. Dios contestó
llamando al Dr. Tim y Janice McCall a trasladarse a Uganda en 2005.
Estos compraron una parcela de tierra alrededor del árbol donde los
hombres habían estado orando y en 2007 se construyó la Puerta de
la Restauración.

Dos millones y medio de huérfanos luchan para sobrevivir en
Uganda, país que tiene el mayor índice en el mundo de niños con
padres fallecidos por SIDA. Uno de cada siete niños muere antes
de los cinco años de edad. La Puerta de la Restauración gestiona
un orfanato y emplea a viudos para servir como padres en la casa,
Se provee ropa, alimentos, un lugar limpio y seguro para jugar a
los niños, los cuales reciben una educación y cuidados médicos.
También emplea a hombres y mujeres para trabajar la tierra, les
enseña un oficio y habilidades laborales, además de ayudar a la
iglesia local con numerosos ministerios.

Para saber más acerca de la Puerta de la Restauración (¡y
cómo apadrinar un niño o donar ropa y otros artículos!), visita www.
restorationgateway.org.

*Dios, gracias por oír las oraciones y enviar a Tim y Janice
a Uganda. Por favor, sigue proveyendo para la Puerta de
la Restauración de manera que puedan alcanzar a cada
vez más ugandeses. Haz crecer tu iglesia en Uganda
para que más personas puedan conocerte. Amén.*

LIMITAR LOS REMEDIOS DE LA GRACIA

Ahora bien, ¿deberíamos seguir pecando para que Dios
nos muestre más y más su gracia maravillosa? ¡Por supuesto
que no! Nosotros hemos muerto al pecado, entonces,
¿cómo es posible que sigamos viviendo en pecado?
ROMANOS 6.1-2 NTV

El egoísmo dice: «Quiero las cosas a mí manera». La gracia de Dios ofrece perdón por el egoísmo. De hecho, la gracia de Dios cubrirá todos y cada uno de los pecados que cometas. Es un regalo asombroso. Así pues, ¿cómo debes responder a esa gracia?

Algunas personas ven la gracia como una manera de dejar de sentir pesar o culpa por las malas acciones. Si la gracia de Dios se ocupa del pago por el pecado quizás no haya necesidad de mantenerlo bajo control.

Puede que exista una manera mejor de considerar este aspecto.

La gracia es un poco como una gran medicina que puedes emplear para curar heridas, pero no tiene sentido herirte intencionadamente para poder utilizarla. La gracia de Dios puede cubrir las marcas de tu pecado, pero evitar este significa que estás agradecido por la gracia, dispuesto a aprender de tus errores e interesado en tener menos dolor espiritual.

Amado Dios, cuando la Biblia me dice que muera a mí mismo
me estás exhortando a poner mis ambiciones un poco más
abajo en mi lista de prioridades. Eso resulta difícil de llevar a
cabo cuando obstaculizo tu agenda y demando más medicina
de gracia. Ayúdame a confiar en tus mandatos. Amén.

PUERTAS ABIERTAS Y CERRADAS

Muéstrame, oh Jehová, tus caminos; Enséñame tus
sendas. Encamíname en tu verdad, y enséñame porque tú
eres el Dios de mi salvación; en ti he esperado todo el día.
SALMOS 25.4-5 RVR1960

Has oído la expresión: *Cuando se cierra una puerta, otra se abre.*
Piensa en las puertas. No se abren por sí solas. La mayoría de las que
te encuentras a diario no son automáticas. ¡Requieren que alguien
las abra! Si eres cristiano, Dios siempre está trabajando abriéndote
puertas. En ocasiones, cuando sabe que lo que hay al otro lado no
es lo mejor para ti, Él las cerrará. Cuando ores por la voluntad de
Dios en tu vida, serás más consciente de esa apertura y cierre de las
mismas. Quizás quieras asistir a determinada escuela, ser miembro
de un grupo particular o ser elegido para una función de liderazgo.
Confía en el Señor para que te abra las puertas adecuadas. Tú solo
ves una pieza del rompecabezas, pero Él ve toda tu vida como uno
de estos terminado. Él ya sabe cómo encajarán las piezas. Cuando te
enfrentes a la decepción de una puerta cerrada en la vida, recuerda
que Dios abrirá otra. Las puertas que tu Padre celestial te abre son
siempre las correctas.

Dios, en ocasiones me pongo muy triste cuando pierdo una
oportunidad u otra persona parece conseguir las cosas que
deseo para mi propia vida. Recuérdame que tú estás obrando
entre bambalinas. Ayúdame a confiar más en ti. Amén.

*Y tanto se distinguió Daniel por sus extraordinarias cualidades
administrativas que el rey pensó en ponerlo al frente de todo el reino.*
DANIEL 6.3 NVI

Daniel es un personaje del Antiguo Testamento a quien sacaron de su
hogar siendo aun adolescente. Inmediatamente, lo pusieron a prueba.
Tuvo que aprender a esforzarse en una cultura nueva con líderes
nuevos y costumbres diferentes. Daniel impresionó a los gobernantes
y le otorgaron un papel fundamental en su gobierno. Cuando llegaron
otros al poder, se libraron de casi todos excepto Daniel. También llegó
a ser líder en este nuevo gobierno. Los nuevos dirigentes se dieron
cuenta de su excelencia.

Hay más cosas sobre su vida, pero todo se resume en la lealtad
de Daniel a Dios, su enfoque en la integridad y su compromiso con
la excelencia.

Los cristianos deberían ser recordados por la excelencia que
aportan a cualquier proyecto. Aunque trabajes para alguien que no
siga a Jesús puedes tener un impacto si garantizas que lo que haces
se considera un excelente trabajo, tu actitud es excepcional y honras
a tu jefe.

*Amado Dios, si nuestro mundo fuera un examen siempre lo
aprobarías con la nota máxima. Tú eres el ejemplo perfecto
de excelencia y por eso Daniel te seguía. Ayúdame a no
acomodarme nunca. Ayúdame a alcanzar la excelencia
en todo lo que me pidas llevar a cabo. Amén.*

Tengan compasión de los que dudan.
JUDAS 1.22 NVI

¿Has tenido alguna vez dudas sobre Dios? ¿Preguntas que temes contestar? Quizás sientas que exteriorizar tus dudas te convierte en un mal cristiano, que tu fe no es muy segura si dudas de Dios. Simplemente deberías creer, y esas dudas y preguntas molestas son malas, así que las juntas todas y las escondes.

Está *bien* tener dudas, preguntas y preocupaciones sobre Dios. ¿Sabes por qué? Porque las dudas te hacen tener una perspectiva más cercana de Él. Y tener una visión más detallada te lleva a menudo al crecimiento en tu vida espiritual y a una fe más sólida. Jesús no quiere que tengas una fe ciega, en la que simplemente lo aceptas todo acerca de Él porque se te ha dicho que es lo correcto. Jesús quiere que tengas una fe *que confía*, en la que lo conoces suficientemente a Él y su carácter como para confiar en Él sin hesitación.

¿Qué preguntas irritantes sobre Dios te molestan? ¿De qué manera tienes problemas en tu confianza en Él por dudar de Él? Sumérgete en la Biblia, pregunta a los líderes de jóvenes en tu iglesia, habla con tus padres y lee libros cristianos hasta que encuentres respuestas satisfactorias. No apiles tus preguntas a un lado. ¡Lucha con ellas hasta que entiendas a Dios de una manera nueva y más profunda!

Dios, ayúdame a encontrar respuestas a mis preguntas
y resolver mis dudas sobre ti. Usa mis pensamientos
para ayudarme a conocerte mejor. Amén.

DESCONECTA

Así que guardaréis el día de reposo, porque santo es a vosotros.
ÉXODO 31.14 RVR1960

Dios creó el día de reposo como un tiempo para desconectar. Sin trabajar, sin cocinar, sin tareas de ningún tipo. Únicamente un tiempo para reunirse colectivamente para la adoración, el reposo y el relax.

¿Cuánto desconectas cada semana? Tradicionalmente, reservamos los domingos como día de reposo, pero el tuyo puede ser el sábado o cualquier otro día de la semana (¡si no tienes escuela!). ¿Llenas tus fines de semana de acontecimientos deportivos, deberes, amigos y actividades? Aunque estés en casa y no corriendo por ahí, pasas tu tiempo de «reposo» pegado a la televisión, la computadora o el teléfono? En lugar de interactuar con tu familia o pasar tiempo con Dios, ¿te mantienes ocupado con Facebook, chats u otro tipo de redes sociales?

Proponte desconectar esta semana. En lugar de mirar una pantalla, pasa tiempo con tus padres y hermanos. Ten una noche de juegos. Lee un libro para divertirte. Duerme una siesta. Da un paseo. Tómate un tiempo para bajar el ritmo y romper con tu rutina y hábitos normales.

Señor, es muy fácil estar ocupado. Incluso en mi tiempo libre es fácil pasar horas viendo la televisión o jugando con mi teléfono. Ayúdame a desconectar de mi vida cotidiana y pasar un tiempo positivo con mi familia y contigo. Amén.

*¿Qué tengo que hacer para heredar la vida eterna?... Jesús
añadió: «...vende todo lo que tienes y repártelo entre los pobres,
y tendrás tesoro en el cielo. Luego ven y sígueme». Cuando el
hombre oyó esto, se entristeció mucho, pues era muy rico.*
LUCAS 18.18, 22-23 NVI

Cuando buscamos seguir a Dios, cuando oramos y escuchamos su
voz, ¿queremos oír realmente lo que tiene que decir? Es fácil orar
cuando todo lo que hacemos es hablar con Dios y pedirle cosas.
Pero es un poco más incómodo, quizás incluso aterrador, tranquilizar
nuestro corazón y quedarnos quietos, escuchar la voz de Dios y
aceptar lo que Él tiene que decir.

¿Qué tienes miedo de oír de Dios? ¿Qué obstáculos hay en
tu camino para servirle plenamente? ¿Cómo se ha detenido tu
crecimiento espiritual porque tienes miedo de oír lo que Él pueda
pedirte? Dios no es una persona dura que siempre te pedirá cosas
duras, pero seguirlo tiene un precio: tienes que estar dispuesto a
entregarlo todo.

¿Hay cosas que amas más que a Dios? ¿Cosas a las que no
estás dispuesto a renunciar? ¿Te arriesgarás a oír a Dios y seguirle?

*Dios, ¿hay algo en mi vida que se haya vuelto más
importante que tú? ¿Hay algo que pueda entregar
de manera que pueda seguirte? Amén.*

ACERCA DE LOS AUTORES

April Frazier ha publicado más de cincuenta artículos en revistas nacionales y antologías como *Guideposts for Teens; Brio & Beyond* y *God's Way for Teens.* Sus lecturas pueden encontrarse en las páginas: *33, 37, 42, 44, 55, 61, 74, 75, 80, 86, 94, 95, 97, 98, 104, 108, 109, 114, 117, 118, 120, 121, 124, 125, 126, 128, 129, 131, 132, 133, 135, 138, 140, 141, 143, 144, 145, 147, 148, 150, 151, 152, 154, 155, 156, 157, 159, 160, 161, 163, 165, 167, 168, 170, 171, 173, 174, 175, 177, 178, 179, 182, 184, 186, 187, 188.*

Glenn A. Hascall es un consumado escritor con colaboraciones en más de cien libros, incluidos títulos de Thomas Nelson, Bethany House y Regal. Sus escritos han aparecido en numerosas publicaciones en todo el planeta. También es un presentador ganador de premios, que presta su voz a proyectos de animación y drama. Sus lecturas pueden encontrarse en las páginas: *9, 10, 11, 12, 13, 14, 15, 16, 17, 18, 19, 20, 21, 22, 23, 24, 25, 26, 27, 28, 29, 30, 31, 32, 34, 35, 36, 38, 39, 40, 41, 43, 45, 46, 47, 48, 49, 50, 51, 52, 53, 54, 56, 57, 58, 59, 60, 62, 63, 64, 65, 66, 67, 68, 69, 70, 71, 72, 73, 76, 77, 78, 79, 81, 82, 83, 84, 85, 87, 88, 89, 90, 91, 92, 93, 96, 99, 100, 101, 102, 103, 105, 106, 107, 110, 111, 112, 113, 115, 116, 119, 122, 123, 127, 130, 134, 136, 137, 139, 142, 146, 149, 153, 158, 162, 164, 166, 169, 172, 176, 180, 181, 183, 185.*

ÍNDICE DE LAS ESCRITURAS